मार्शल आर्ट्स चैंपियन
ब्रूस ली

मार्शल आर्ट्स चैंपियन
ब्रूस ली

अभिषेक कुमार

सत्साहित्य प्रकाशन, दिल्ली

प्रकाशक : **सत्साहित्य प्रकाशन**
694 (पहली मंजिल), चावड़ी बाजार, दिल्ली–110006
सर्वाधिकार : सुरक्षित / संस्करण : 2026 / मूल्य : चार सौ रुपए
मुद्रक : नरुला प्रिंटर्स, दिल्ली अनुवाद : भविष्य कुमार सिन्हा

Martial Arts Champion BRUCE LEE
by Shri Abhishek Kumar ₹ 400.00
Published by **SATSAHITYA PRAKASHAN**
694 (First Floor), Chawri Bazar, Delhi-110006
ISBN 978-81-7721-407-9

भूमिका

20 जुलाई, 1973 को हॉलीवुड ने सबसे अधिक कीमत पानेवाले अपने अभिनेता को खो दिया, हांगकांग ने अपना राष्ट्रवीर खो दिया और विश्व ने युद्ध-कला में प्रवीण अब तक का सर्वाधिक लोकप्रिय एवं प्रभावशाली कलाकार खो दिया। केनटोनीज ऑपेरा स्टार ली होई-च्युएन का पुत्र ब्रूस ली अपनी मृत्यु के समय तक हॉलीवुड में शिखर पर पहुँची हस्तियों में अपनी ख्याति अर्जित कर चुके थे। पूर्व को पश्चिम के रजत पट (सिनेमा के परदों) पर पेश करने का श्रेय ब्रूस ली को ही जाता है। बत्तीस वर्ष की अल्पायु में ली की असमय मृत्यु से विश्व भर के समाचार-पत्रों व टी.वी. चैनलों पर शोक का माहौल छा गया। ली की मृत्यु के बाद हांगकांग रेडियो को दिए गए एक इंटरव्यू में उनकी विधवा लिंडा ने याद करते हुए कहा, ''ऐसा लगता है, जैसे कि हम हमेशा एक जीवन की शुरुआत कर रहे थे। फिल्मों में शुरुआत करना हमारे लिए एक नया जीवन ही तो था। मशहूर होना और नई-नई ऊँचाइयों को हासिल करना—सबकुछ सदैव नया-सा लगता है और वे कहते रहते थे, यह तो अभी शुरुआत है।''

ब्रूस ली के दिलो-दिमाग पर कुंग फू का पागलपन छाया हुआ था। यह चीन की एक प्राचीन युद्ध-कला है, जिसके बारे में सन् 1965 तक पश्चिम को कुछ भी पता नहीं था। ब्रूस ली जब पहली बार टेलीविजन पर सामने आए तो एक महान् कुंग फू उस्ताद, एक अभिनेता और एक दार्शनिक के रूप में संपूर्ण मानव की साक्षात् मूर्ति थे, जिनके पास एक मजबूत देह और

चतुर बुद्धि थी। उन्होंने नौ वर्ष तक चीन की कुंग फू पद्धति का अध्ययन किया, जिसे 'विंग चुन' कहा जाता है। ली को इन कलाओं का एक अत्यंत प्रतिभाशाली एवं प्रांजल व्याख्याता माना जाता है। इस कला में उन्हें हांगकांग के एक वयोवृद्ध चीनी उस्ताद यिप मैन ने शिक्षित किया था।

युद्ध-कलाओं में गहरी रुचि रखने के अलावा ली को दर्शन-शास्त्र एवं साहित्य से भी विशिष्ट लगाव था। वह कन्फ्यूशियस के एक अत्यंत उत्साही पाठक थे। उन्होंने अपने जीवन में कन्फ्यूशियस के दर्शन और उपदेशों को समाहित करने का प्रयास किया। दर्शन-शास्त्र में ब्रूस ली की रुचि बहुत उत्कट थी और जीवन भर उसके साथ रही। दर्शन-शास्त्र में उनकी यह गहरी रुचि उस पश्चिमी लोकाचार से बिल्कुल भिन्न थी, जिसमें जानकरी हासिल करना ही उनका ध्येय होता है। छह वर्ष तक उन्होंने अमेरिकियों को चीन के दर्शन-शास्त्र और चीन की संस्कृति के बारे में शिक्षा दी। चीन की विचार-शैली के माधुर्य एवं लालित्य के बारे में उन्होंने पैसिफिक नॉर्थ-वेस्ट (प्रशांत उत्तर-पूर्व) में व्याख्यान दिए। 9 दिसंबर, 1971 को पियरे बर्टन को दिए एक इंटरव्यू में बूस ली ने कहा, "क्या आप जानते हैं, मैं अपने बारे में किस तरह सोचता हूँ? एक मनुष्य के रूप में, क्योंकि मेरा तात्पर्य है, मैं नहीं चाहता कि मेरा बोलना या मेरी आवाज आपके जैसी हो। आप समझते हैं, जैसा कि कन्फ्यूशियस ने कहा है कि इस आकाश के नीचे, इस गगन के तले इनसान सिर्फ एक व्यक्ति नहीं, बल्कि एक परिवार होता है। यह बात और है कि लोग भिन्न-भिन्न होते हैं।" बहुत से लोगों ने समझा कि ब्रूस ली एक व्यक्तिवादी हैं, क्योंकि वह व्यक्ति को अपने सभी दार्शनिक सिद्धांतों के केंद्र में रखते थे और आत्म-परीक्षण की धारणा में विश्वास रखते थे, ताकि समझ सकें कि हमारी वास्तविकता क्या है? 'हम' वास्तव में क्या हैं?

ली का जीवन संघर्षों की चादर में लिपटा हुआ था। बचपन में उन्हें बार-बारी बीमारी से लड़ना पड़ा। शरीर दुर्बल था और राह दिखानेवाला भी कोई नहीं था। बाद के जीवन में उन्हें युद्ध-कला में एक अनिश्चित एवं अस्थिर जीविका से जूझना पड़ा। इसी अनिश्चितता के कारण उनके मन में

एक पेशेवर नर्तक बनने का विचार आया। यहाँ तक कि उन्होंने हांगकांग की चा-चा चैंपियनशिप भी जीत ली। लेकिन उनका मन तो कुंग फू में ही रमता था। जीवन भर उन्होंने कुंग फू का ही अभ्यास किया था और जिस शांति की खोज में वह लगे हुए थे, वह शांति उन्हें इससे ही प्राप्त हुई।

उन्नीस वर्ष की आयु में वह अमेरिका चले गए। संयुक्त राष्ट्र में पहुँचने पर वह सबसे पहले एक स्कूल में भरती हो गए और कुछ ही समय के अंदर उन्होंने वहाँ के अनेक मूल निवासियों से बेहतर अंग्रेजी लिखना और बोलना सीख लिया। कुछ वर्ष बाद उन्होंने एक कुंग फू स्कूल खोल लिया और अमेरिकियों को शाओलिन कला की शिक्षा देकर जीवन-यापन करने लगे। अपने शिक्षण में उन्होंने परंपरागत शैलियों पर संशय प्रकट किया। अमेरिकी और चीनी दोनों युद्ध-कला सोसाइटियाँ उनके धर्म-विरोधी विचारों के बारे में रोष प्रकट करती हैं। कोई ऐसा नवयुवक हजारों वर्षों से चली आ रही परंपरा और पूज्य शक्ति के विरोध में खड़ा हो और चुनौती दे रहा हो, यह बात उन्हें मंजूर नहीं थी और इसे वे यथास्थिति के प्रति सीधी धमकी समझते थे।

ब्रूस ली की मित्र-मंडली के अनुसार, वह उग्र स्वभाव के थे और जीवन में हर कदम को एक स्पर्धा मानकर चलते थे। वह जो कुछ भी करते, उसमें सर्वश्रेष्ठ बनना चाहते थे। स्पष्ट है, जीवन में जिनका दृष्टिकोण ऐसा रहा हो, उनके मित्र कम और शत्रु अधिक होंगे। सबसे पहले तो उन्होंने हॉलीवुड अभिनेता स्टीवमैक क्वीन को पराजित करने की कसम खाई और फिर उन्होंने जिम कॉर्बन का नाम अपने प्रतियोगियों की सूची में जोड़ लिये। परंतु प्रतिद्वंद्वियों की एक लंबी सूची के बावजूद उनका सबसे कड़ा संघर्ष अपने आप से था।

ब्रूस ली को सामान्यावस्था, अर्थात् बीच का दर्जा पसंद नहीं था और वह न केवल शारीरिक रूप से, बल्कि मानसिक तौर पर भी हमेशा अपनी सीमाओं को ठेलने का प्रयास करते थे। इसके परिणामस्वरूप उनका मिजाज प्रायः अकस्मात् बदल जाता था। उन्हें भयानक, डरावने सपने भी आते थे। यह सामान्यावस्था के प्रति उनकी नफरत थी या उस स्थिति को लेकर उनका

भय, जिसने उन्हें इतनी कठोर प्रवृत्ति का बना दिया था, जिसे समझा न जा सके, कहना मुश्किल है।

उनके दुराग्रह व हठ को इस तथ्य से समझा जा सकता है कि अभिनय में एक भूमिका के लिए अस्वीकृत किए जाने के सिर्फ एक साल बाद वह हॉलीवुड में उच्चतम मानदेय पानेवाले अभिनेता बन गए। अस्वीकार किए जाने से लेकर पहचान बनाने तक का उनका सफर अनेक अड़चनों से भरा हुआ था। पहले तो उन्हें पीठ में ऐसी चोट आई, जिसके कारण वह महीनों तक पंगु होकर पड़े रहे। यह उनके जीवन का एक अत्यधिक भयावह समय था। तथापि उत्कट समर्पण और इच्छा-शक्ति दिखाते हुए वह जल्दी ही इस विकट अवस्था से निकलने में सफल हो गए और अंतरराष्ट्रीय ख्याति के अपने मार्ग पर चल पड़े।

सन् 1973 में जिस वर्ष उनकी मृत्यु हुई, वह अपनी उन्नति की पराकाष्ठा पर थे। उनकी फिल्म 'द चाइनीज कनेक्शन' को सन् 1972 ऑस्कर्स में स्पेशल ज्यूरी पुरस्कार से सम्मानित किया गया था। उनकी इस जीत ने उनके आलोचकों का मुँह बंद कर दिया था। चहुँदिश विजय प्राप्त करने के बाद अब समय आ गया था कि वह अपनी रफ्तार को कुछ लगाम लगाएँ और थोड़ा आराम करें। लेकिन ली की योजनाएँ कुछ और ही थीं। वह और भी अधिक कठोर परिश्रम करते रहे तथा अपनी सीमाओं को आगे धकेलते रहे।

महानता हासिल करने के अपने प्रयास में वह अपनी आत्मा को विश्व की सूक्ष्म परीक्षण दृष्टि से प्रायः अलग-थलग कर लेते थे। इस अर्थ में 'एक खुली किताब' का मुहावरा उनपर लागू नहीं होता था। ऐसा लगता है, मानो वह एकाकीपन में सांत्वना खोज रहे थे। वह जिन्हें अपना मित्र कह सकें, ऐसे लोगों की सूची लंबी नहीं थी और न ही उन्होंने इस तरह का कभी कोई दावा किया, लेकिन मित्रों की सूची चाहे जितनी भी छोटी रही हो, ली ने जीवन भर इस बात को अपने सीने से लगाकर रखा।

उनके अनेक घनिष्ठ मित्र उन्हें 'मनोवेग का शिकार' कहकर याद करते हैं। इसके विपरीत, परदे पर जिन पात्रों की भूमिका उन्होंने निभाई, उसके

आधार पर तो यही कहा जा सकता है कि ब्रूस ली कुंग फू में कभी शांति नहीं पा सके। यह उनके आसपास हमेशा रहती थी, लेकिन उनके साथ कभी नहीं। परदे पर और परदे के बाहर उनके लिए सबसे कठिन कार्य स्वयं पर नियंत्रण रखना था। उनके लिए सबसे बड़ी बाधा बना हुआ था उनका क्रोधी स्वभाव तथा दूसरी बाधा थी उनका अति विश्वासी होना।

अपने काम से उन्होंने दुनिया भर में युवा पीढ़ी को प्रेरित किया था और आज भी करते हैं। पूरे विश्व में किशोरों के कमरों की दीवारें ली के पोस्टरों से सजी रहती हैं, जो उन्हें एक योद्धा, एक शिक्षक और एक अनुकरणीय व्यक्तित्व के रूप में देखते हैं। ली को मृत्यु के चारों ओर अनेक कहानी-किस्सों का घेरा बना हुआ है। लेकिन हमें उनकी मृत्यु का विश्लेषण करने के बजाय उनके जीवन से कुछ सीखना चाहिए। उनका जीवन छोटा होते हुए भी विशाल था, गर्वित होने के बावजूद विषादपूर्ण था और अद्वितीय एवं विलक्षण होने पर भी तुच्छ व साधारण था। उनके जीवन के हर पहलू से बहुत कुछ सीखा जा सकता है। उनमें शिक्षा है, बुद्धिमानी है और जीवन-दर्शन है। उनकी जीवन-गाथा सुनने-सुनाने और हजारों बार पढ़ने योग्य है।

अनुक्रम

कहानी आरंभ होती है एक ऐसे व्यक्ति से

जिसका नाम ली होई-च्युएन था, जो हांगकांग के कैनटोनीज ऑपेरा में एक अभिनेता था। थिएटर (रंगशाला) में वह प्राय: एवं मुख्यत: एक हास्य कलाकार की भूमिका निभाता था। बहुधा उसे हांगकांग के उपनगर में अफीम पीते हुए पाया जा सकता था। आस-पड़ोस के जुआघरों में भी उसका लगातार आना-जाना रहता था। वह स्वयं को एक अभिनेता की अपेक्षा गायक अधिक मानता था, लेकिन उसके प्रशंसकों की राय इससे भिन्न थी। उन्हें स्टेज पर ली की तड़क-भड़कदार भाव-भंगिमाएँ तथा चाकू की धार जैसी तीक्ष्ण भावनाएँ अधिक लुभाती थीं, न कि बहुत ऊँचे स्वरों में उसका गायन। अपने अभिनय से उसने बहुत अधिक नाम और प्रसिद्धि अर्जित की। एक अभिनेता के रूप में अपनी जीविका आरंभ करने के कुछ ही वर्ष के अंदर वह पूरे नगर में कई मकानों एवं फ्लैटों का मालिक बन गया।

यों तो उसके प्रशंसकों की संख्या अनगिनत थी, लेकिन उनमें से एक विशेष थी। उसका नाम ग्रेस था। ग्रेस की माँ चीन की थीं और पिता जर्मन। इसी कारण उसके व्यक्तित्व में पूर्व और पश्चिम दोनों के मूल्यों तथा संस्कृति का समावेश था। उसकी आयु उन्नीस वर्ष की थी, जब उसका परिवार शंघाई से हांगकांग में आकर बस गया। वह अकसर अपने पिता के साथ ली होई-च्युएन का ऑपेरा देखने जाया करती थी।

देखते-ही-देखते उसे हांगकांग में सबसे सफल ऑपेरा गायक से प्यार हो गया। वह उसके कार्यक्रमों में बराबर जाया करती थी और इस नीयत से स्टेज के बहुत निकट बैठा करती कि ली का ध्यान उसकी तरफ जाए। उसके प्रयास फलीभूत हुए और दोनों ने बहुत जल्द विवाह कर लिया। विवाहोपरांत वे हांगकांग में नाथन रोड स्थित एक उच्च वर्गीय फ्लैट में रहने चले गए।

एक परिवार की शुरुआत करने के उनके प्रयासों को उस समय एक बड़ा झटका लगा, जब उनका पहला बच्चा जन्म के कुछ सप्ताह बाद ही चल बसा। बच्चे की मृत्यु के बाद ऐसा दौर आया, जिसमें उन्हें अत्यधिक मानसिक और भावनात्मक यंत्रणा से गुजरना पड़ा। इस स्थिति के चलते वे अंधविश्वासों के जाल में फँस गए। अंधविश्वासों की माँग थी कि दूसरी संतान एक लड़की होनी चाहिए।

एक परिवार की शुरुआत करने के उनके प्रयासों को उस समय एक बड़ा झटका लगा, जब उनका पहला बच्चा जन्म के कुछ सप्ताह बाद ही चल बसा। बच्चे की मृत्यु के बाद ऐसा दौर आया, जिसमें उन्हें अत्यधिक मानसिक और भावनात्मक यंत्रणा से गुजरना पड़ा। इस स्थिति के चलते वे अंधविश्वासों के जाल में फँस गए। अंधविश्वासों की माँग थी कि दूसरी संतान एक लड़की होनी चाहिए। दोनों ने दुरात्माओं को भ्रमित करने के उद्देश्य से आनेवाले बच्चे का नाम 'फोइबे' निश्चित कर लिया। महीनों का समय निकल जाने के बाद उन्हें एक पुत्र की प्राप्ति हुई, जिसका नाम उन्होंने 'पीटर' रखा।

ली का ऑपेरा जब एक कार्यक्रम के सिलसिले में यूनाइटेड स्टेट्स के भ्रमण पर था, उस दौरान ग्रेस ने महसूस किया कि एक और बच्चा उसके गर्भ में पल रहा है। 27 नवंबर, 1940 को (चीनी ज्योतिष-चक्र के अनुसार, यह ड्रैगन का वर्ष था।) प्रातः 6 से 8 बजे के बीच उसने अपने पाँच बच्चों में से तीसरे को जन्म दिया। वह बच्चा एक लड़का था और पिछली बार की तरह इस बार भी उन्होंने दुरात्माओं को भ्रमित

करने की दृष्टि से उसे एक लड़की का नाम दिया—साइफॉन। यहाँ तक कि उन्होंने उसका एक कान भी छेद दिया। बाद में उन्होंने उसका नाम 'जुनफैन' रख दिया। लेकिन उसके पर्यवेक्षी चिकित्सक (सुपरवाइजिंग फिजीशियन) ने उसे जो उपनाम दिया था, वही उपनाम 'ब्रूस' जीवन भर उसके साथ चिपककर रह गया। ब्रूस ने बाद में अपना अंतिम नाम 'लाइ' से 'ली' (Li से Lee) कर लिया।

□

हांगकांग

जब कोई त्सीम शा त्सुइ हांगकांग में सागर किनारे स्थित एवेन्यू ऑफ स्टार्स के साथ-साथ आगे बढ़ता है तो उसकी भेंट ब्रूस ली की 2.5 मीटर ऊँची कांस्य मूर्ति से होती है। ब्रूस ली की यह मूर्ति 'प्रहार के लिए तैयार' मुद्रा में है, जिस मुद्रा में उसे सन् 1972 की फिल्म 'फिस्ट ऑफ फ्यूरी' में देखा गया था। यह उसकी अनुपम मुद्रा हुआ करती थी। हांगकांग के लिए ब्रूस ली किसी सिने स्टार से कम नहीं था, बल्कि उससे भी बढ़कर। वह हांगकांग के राष्ट्र-योद्धा था, हांगकांग का राजपूत था और उसका सपूत था। उसकी फिल्मों ने ही हांगकांग के फिल्म उद्योग को चलचित्र के संसार में नई ऊँचाइयों तक पहुँचाया। विश्व को इस देश की संस्कृति से परिचित कराने का श्रेय उसकी फिल्मों को ही जाता है। उसकी फिल्मों के जरिए ही हांगकांग ने विश्व के मानचित्र पर अपनी छाप एक आधुनिक राष्ट्र के रूप में अंकित की।

हांगकांग अथवा चीनी भाषा में फ्रेगरंट हार्बर या जैसाकि आधिकारिक तौर पर पुकारा जाता है, पीपल्स रिपब्लिक ऑफ चाइना का हांगकांग स्पेशल एडमिनिस्ट्रेटिव रीजन, पूर्व एशिया में पर्लरिवर डेल्टा पर एक स्वतंत्र भू-भाग है। इसके पश्चिम में मकाउ का नगर-क्षेत्र है, जबकि इसके उत्तर में चीन के गुआन्डॉन्ग प्रांत की सीमा लगती है। इसका कुल भू-भाग 1,906 वर्ग किलोमीटर है और विभिन्न राष्ट्रीयताओं के 73 लाख (7.3 मिलियन) से भी अधिक लोग वहाँ बसते हैं। इस हिसाब से यह विश्व का चौथा सबसे घनी

आबादीवाला स्वायत्त राज्य या प्रदेश माना जाता है।

सन् 1839 के पहले अफीम युद्ध के बाद हांगकांग एक ब्रिटिश उपनिवेश बन गया, जिसके लिए 1860 में कोलून प्रायद्वीप द्वारा अधिकार-पत्र दे दिया गया था और उस अधिकार-पत्र की शर्तों के अधीन हांगकांग द्वीप-समूह को हमेशा के लिए ब्रिटेन को सौंप दिया गया था। तत्पश्चात् ब्रिटेन और हांगकांग शासन के बीच नए राज्य-क्षेत्रों को लेकर सन् 1898 से 1899 वर्ष के लिए एक पट्टे पर हस्ताक्षर किए गए। फिर द्वितीय विश्व युद्ध के दौरान जापान ने हांगकांग पर कब्जा कर लिया और तब तक उसके कब्जे में रहा, जब तक कि संबद्ध अथवा संब्रित सेनाओं ने सन् 1945 में फिर से उसे जीत नहीं लिया। सन् 1980 के दशक के प्रारंभिक वर्षों में यूनाइटेड किंगडम और चीन के बीच वार्त्ता के फलस्वरूप सन् 1984 में चीन-ब्रिटिश संयुक्त घोषणा का मार्ग प्रशस्त हुआ। इस घोषणा के तहत हांगकांग का आधिपत्य सन् 1997 में हांगकांग को सौंप देने की व्यवस्था थी, जब यह पीपुल्स रिपब्लिक ऑफ चाइना के अधीन उच्च स्तरीय स्वायत्तता प्राप्त एक विशेष प्रशासनिक क्षेत्र बन गया था।

1970 के दशक में देश ने कई सुधार किए, जिनके कारण उसका भविष्य-निर्माण हुआ। इस पूरे दशक में हांगकांग को सँभालने की बागडोर अधिकतर उस देश के सुधारवादी गवर्नर मुरे मैक्लेहोस के हाथों में रही, जिन्होंने सबसे लंबे समय तक उस देश का नेतृत्व किया था। उन्होंने देश की अर्थव्यवस्था के हर पहलू को सुधारा। इन सुधारों का ही नतीजा था कि हांगकांग एक विनिर्माण केंद्र से पुनः एक वित्तीय केंद्र में तब्दील हो सका।

1970 के दशक में देश ने कई सुधार किए, जिनके कारण उसका भविष्य-निर्माण हुआ। इस पूरे दशक में हांगकांग को सँभालने की बागडोर अधिकतर उस देश के सुधारवादी गवर्नर मुरे मैक्लेहोस के हाथों में रही, जिन्होंने सबसे लंबे समय तक उस देश का नेतृत्व किया था। उन्होंने देश की अर्थव्यवस्था के हर पहलू को सुधारा। इन सुधारों का ही नतीजा था कि हांगकांग एक विनिर्माण केंद्र से पुनः एक

वित्तीय केंद्र में तब्दील हो सका। बाजार भी व्यवसायों और विशेषाधिकारों की ओर झुकने लगा।

इस अवधि के दौरान देश की संस्कृति में भी अनेक बड़े परिवर्तन हुए। पश्चिमी विचारों और पूर्वी मूल्यों का समागम देखने को मिला। इसने न केवल अनेक चीनी परंपराओं को बनाए रखा, बल्कि पश्चिमी संस्कृति के एक बपतिस्मा, अर्थात् ईसाई धर्म में दीक्षा का भी अनुभव किया।

लेकिन सन् 1970 के दशक के सुधारों से पहले यह देश भीषण कंगाली के दौर से गुजर रहा था और उन्हीं दिनों हांगकांग की गंदी गलियों में ब्रूस ली एक लड़के के रूप में बड़ा हो रहा था। उसके बचपन के हांगकांग को भीड़-भाड़ वाले बाजारों, सँकरी गलियों, लॉरियों, टैक्सियों, ठेलों, निओन-साइनों आदि के कारण साँस लेना भारी पड़ रहा था। नगर का एक कोना जहाँ स्वादिष्ट पकवानों की खुशबू से महका रहता था, वहीं दूसरा कोना कीचड़ व दुर्गंध से भरा रहता था।

ब्रूस ली ने अपने बचपन का अधिकांश समय हांगकांग की तंग, अँधेरी और गंदी गलियों में लड़ते, छिपते, खेलते एवं मन-बहलाव करते हुए बिताया।

□

प्रारंभिक दिन

ब्रूस ली के जन्म के कुछ ही महीनों बाद उसके माता-पिता अमेरिका से हांगकांग वापस आ गए। जलवायु संबंधी हालात में अचानक बदलाव ने शिशु ब्रूस ली को परेशानी में डाल दिया। अपने देश में आर्द्र, उमसदार और नम मौसम के अनुकूल बनने में उसे समस्याओं का सामना करना पड़ा। वह जल्दी बीमार पड़ गया और यह सिलसिला निरंतर चलता रहा। लंबे समय तक चली बीमारी के कारण वह कमजोर एवं दुर्बल बना रहा।

ब्रूस ली अपने परिवार के साथ नाथन मार्ग स्थित एक काफी बड़े फ्लैट में रहता था, लेकिन इतनी बड़ी खुली जगह की सुख-सुविधा का आनंद वह ज्यादा समय तक नहीं ले सके। जब उनके चाचा, पिता के छोटे भाई, का देहांत हुआ तो उसके पिता ने अपने भाई के परिवार की देखभाल करने की जिम्मेदारी अपने ऊपर ले ली। नतीजा यह हुआ कि करीब 20 लोग उस मकान में रहने लगे, जिनके साथ अकसर मुरगियाँ, कुत्ते, बिल्लियाँ आदि जानवर भी होते थे। परिवार के उन सभी सदस्यों में उसे 'बॉबी' नाम का एक अल्सेशियन कुत्ता सबसे अच्छा लगता था, जो अकसर उसके साथ उसके बिस्तर पर सोता था। यह समझना ठीक नहीं होगा कि ब्रूस ली किसी गरीब-गुरबा या विशेष सुविधा-रहित परिवार से था। जैसा कि पहले कहा जा चुका है, उसके पिता के पास पूरे हांगकांग में काफी भू-संपत्ति थी। इसका मतलब है कि उसके पिता को किराए-भाड़े के रूप में अच्छी-खासी रकम मिलती थी। इसके अलावा, वह अपने प्रदर्शनों एवं संगीत-समारोहों से भी पर्याप्त

धन अर्जित कर लेते थे। किराए की रकम और स्टेज पर अभिनय एवं गायन कार्यक्रम से उसके पिता की आय—दोनों मिलाकर इतनी आमदनी अवश्य हो जाती थी कि ली परिवार एक सुविधा-संपन्न जीवन व्यतीत कर सके। लेकिन ब्रूस के शब्दों में, उसके पिता 'कंजूस' थे। इसे हम ब्रूस का दुर्भाग्य ही मानेंगे, क्योंकि वास्तव में उसके पिता एक सहृदय एवं उदारमना व्यक्ति थे, जिन्होंने कई बार अपने परिवार एवं मित्रों की मदद की। बहुत अवसरों पर उन्होंने अपने ऐसे गरीब मित्रों के इलाज के बिल चुकाए, जो वे खुद किसी भी हालत में चुकता नहीं कर सकते थे।

ब्रूस कभी-कभी अपने पिता के साथ उनके कार्यक्रमों में चला जाता था। ऐसे ही एक 'शो' के दौरान ब्रूस ली की दोस्ती सिउ की लुन से हो गई, जिसे वह प्यार से 'यूनीकॉर्न' पुकारता था। ब्रूस के पिता की तरह उसके पिता भी चीनी ऑपेरा में एक अभिनेता थे। दोनों लड़कों के बीच उम्र में तीन वर्ष का अंतर था, किंतु इससे ब्रूस को कोई फर्क नहीं पड़ता था, जो यूनीकॉर्न के विरुद्ध कभी कोई लड़ाई नहीं हारा। उसे लड़ने का शौक था।

ब्रूस कभी-कभी अपने पिता के साथ उनके कार्यक्रमों में चला जाता था। ऐसे ही एक 'शो' के दौरान ब्रूस ली की दोस्ती सिउ की लुन से हो गई, जिसे वह प्यार से 'यूनीकॉर्न' पुकारता था। ब्रूस के पिता की तरह उसके पिता भी चीनी ऑपेरा में एक अभिनेता थे। दोनों लड़कों के बीच उम्र में तीन वर्ष का अंतर था, किंतु इससे ब्रूस को कोई फर्क नहीं पड़ता था, जो यूनीकॉर्न के विरुद्ध कभी कोई लड़ाई नहीं हारा। उसे लड़ने का शौक था।

उसके पिता को दूसरे बच्चों को लड़ने के लिए उकसाने की उसकी आदत बिल्कुल भी पसंद नहीं थी। उनके लिए यह एक बड़ी परेशानी का सबब बन गया था। ब्रूस को मारते-मारते उनकी छड़ी भी टूट जाती थी, लेकिन उसे इससे भी कोई फर्क नहीं पड़ता था। फलतः पिता और पुत्र के बीच फूट पड़ गई।

माता और पिता दोनों में से वह अपनी माँ को अधिक पसंद करता था। उसकी माँ ही उसके स्कूल की फीस भरतीं और उसके शिक्षकों की शिकायतों से निपटा करती थीं। शिक्षक उसकी माँ से अकसर कहते कि वह नियमित रूप से स्कूल नहीं आता, बहुत बार कक्षाओं से गायब रहता है और अपने दोस्तों के साथ सड़कों पर मटरगश्ती करने निकल जाता है। उसकी माँ बताती हैं कि ब्रूस ने कभी अपना आचरण नहीं बदला। वह बार-बार उन्हीं गलतियों को दोहराता रहा। एक बार उसने अपने बेटे से पूछा कि वह जीवन में क्या बनेगा?

माता और पिता दोनों में से वह अपनी माँ को अधिक पसंद करता था। उसकी माँ ही उसके स्कूल की फीस भरतीं और उसके शिक्षकों की शिकायतों से निपटा करती थीं। शिक्षक उसकी माँ से अकसर कहते कि वह नियमित रूप से स्कूल नहीं आता, बहुत बार कक्षाओं से गायब रहता है और अपने दोस्तों के साथ सड़कों पर मटरगश्ती करने निकल जाता है। उसकी माँ बताती हैं कि ब्रूस ने कभी अपना आचरण नहीं बदला। वह बार-बार उन्हीं गलतियों को दोहराता रहा।

'एक सिने स्टार!' युवा ब्रूस ने जवाब दिया।

छोटी उम्र से ही उसके अंदर परोपकारिता एवं करुणा दिखने लगी थी और ये गुण उसे अपने पिता से मिले थे। एक बार धूप-भरी दोपहरी में उनकी माँ ने देखा कि ब्रूस नंगे पाँव ही तेजी से बाहर दौड़ गया। जब वे घर से निकलकर उसके पीछे दौड़कर गईं तो उन्होंने देखा कि ब्रूस एक अंधे आदमी को सड़क पार करा रहा है। ग्रेस ली के लिए वह एक गौरव का क्षण था।

घर में जो बच्चे थे, वे ब्रूस को 'लिटिल ड्रैगन' पुकारते थे, जबकि परिवार के बड़े-बूढ़े उसे 'मोसी तुंग' कहते थे, जिसका अर्थ होता है—'कभी शांति से न बैठना।' जब वह कोई पुस्तक पढ़ रहा होता था, वही एक समय होता था, जब उसका दौड़ना, उछल-कूद करना, बात करना आदि सब बंद हो जाता था। वह अकसर अपने बिस्तर पर पड़े-पड़े देर रात तक पढ़ता रहता था। उसकी माँ के अनुसार शायद यही कारण था कि वह निकटदर्शी

हो गया। छह वर्ष की उम्र में ही उसकी दूर की दृष्टि कमजोर हो गई थी और उसे चश्मा पहनना पड़ता था।

युवा ब्रूस को अपने दोस्तों व भाई-बहनों से छेड़खानी और चुहुलबाजी करने में बड़ा मजा आता था। चुहुलबाजी करने की उसकी यही आदत उसके बहुत से दोस्तों को सबसे ज्यादा नापसंद थी। कई बार वह अपनी हद पार कर जाता था। एक बार तो उसने अपनी बहन फोइबे को स्विमिंग पूल में धकेल दिया। वह डूबते-डूबते बची। तत्पश्चात् उसकी बहन ने एक बार चुपके से आकर उसका सिर पानी में तब तक दबाए रखा, जब तक उसने फिर कभी शरारत न करने का वादा नहीं किया। उस दिन से ब्रूस ने फिर कभी स्विमिंग पूल के अंदर प्रवेश नहीं किया।

बारह वर्ष की आयु में उच्चतर माध्यमिक शिक्षा के लिए ब्रूस ने पड़ोस में ही एक बहुत ख्याति-प्राप्त स्कूल 'ला सैले' में जाना शुरू कर दिया। वह एक क्रिश्चियन मिशनरी स्कूल था। स्कूल में अधिकतर विद्यार्थी चीनी कैथोलिक थे। पहले दिन से ही उसने गलत कारणों से अपने शिक्षकों तथा सहपाठियों का ध्यान खींचना शुरू कर दिया था। सभी शिक्षक उसे एक हठी व उद्दंड शिष्य मानने लगे। लेकिन ब्रदर हेनरी नाम की एक आशा की किरण भी वहाँ थी।

बारह वर्ष की आयु में उच्चतर माध्यमिक शिक्षा के लिए ब्रूस ने पड़ोस में ही एक बहुत ख्याति-प्राप्त स्कूल 'ला सैले' में जाना शुरू कर दिया। वह एक क्रिश्चियन मिशनरी स्कूल था। स्कूल में अधिकतर विद्यार्थी चीनी कैथोलिक थे। पहले दिन से ही उसने गलत कारणों से अपने शिक्षकों तथा सहपाठियों का ध्यान खींचना शुरू कर दिया था। सभी शिक्षक उसे एक हठी व उद्दंड शिष्य मानने लगे। लेकिन ब्रदर हेनरी नाम की एक आशा की किरण भी वहाँ थी। सारे शिक्षकों में वही एक शिक्षक थे, जिन्होंने महसूस किया कि ब्रूस की ऊर्जा को कुछ रचनात्मक कार्य में लगाने की आवश्यकता है। उन्होंने ब्रूस को ब्लैकबोर्ड साफ करने तथा दूसरे विविध कार्यों के लिए भाग-दौड़ करने में लगा दिया। ब्रूस को वे जो भी काम करने

के लिए कहते, वह तुरंत उस काम में लग जाता।

ब्रूस घर में पढ़ाई करने में तो बहुत उत्सुकता दरशाता था, लेकिन स्कूल में उसने कभी बहुत रुचि नहीं दिखलाई। कला और इतिहास में फिर भी वह कुछ रुचि रखता था, किंतु जिस विषय से उसे अत्यधिक अरुचि थी, वह था जीव-विज्ञान। अंग्रेजों के हाथों वर्षों तक औपनिवेशिक दमन सहते-सहते हांगकांग की युवा आजाद खयालात वाली पीढ़ी के दिलों में अपने औपनिवेशिक उत्पीड़क के प्रति गहरी दुर्भावना उत्पन्न हो गई थी। वे अंग्रेजों द्वारा उनके पूर्वजों पर ढाए गए अत्याचारों के किस्से सुन-सुनकर बड़े हुए। हांगकांग में सर्वत्र कई अंग्रेज-विरोधी गुट पैदा हो गए। इन गुटों ने हांगकांग में रह रहे अंग्रेज नागरिकों के प्रति नफरत फैलाना शुरू कर दिया। ब्रूस ली अपने स्कूल में ऐसे ही एक गुट का नेता था। अंग्रेजों के प्रति अपना क्रोध एवं घृणा प्रकट करने के उद्देश्य से वे प्रायः किंग जॉर्ज वी स्कूल के सामने जाकर खड़े हो जाते, जहाँ अंग्रेजों के बच्चे पढ़ते थे। ब्रूस और उसके गुट के सदस्य लड़ाई के लिए उनको उकसाने के प्रयोजन से बच्चों को गालियाँ बकते और कभी-कभी उन पर पत्थर भी फेंक देते। अगर इन उपायों से भी काम न चलता तो वे स्कूल के बाड़े पर चढ़ जाते और स्कूल के मैदान में खेल रहे बच्चों की हँसी उड़ाया करते। कई बार ब्रूस का गुट लड़ाई-झगड़ा शुरू करने में कामयाब भी हो जाता, लेकिन वे उनसे कभी जीत नहीं सके। किंग जॉर्ज वी स्कूल के छात्र आयु व कद-काठी में ब्रूस और

हांगकांग में सर्वत्र कई अंग्रेज-विरोधी गुट पैदा हो गए। इन गुटों ने हांगकांग में रह रहे अंग्रेज नागरिकों के प्रति नफरत फैलाना शुरू कर दिया। ब्रूस ली अपने स्कूल में ऐसे ही एक गुट का नेता था। अंग्रेजों के प्रति अपना क्रोध एवं घृणा प्रकट करने के उद्देश्य से वे प्रायः किंग जॉर्ज वी स्कूल के सामने जाकर खड़े हो जाते, जहाँ अंग्रेजों के बच्चे पढ़ते थे। ब्रूस और उसके गुट के सदस्य लड़ाई के लिए उनको उकसाने के प्रयोजन से बच्चों को गालियाँ बकते और कभी-कभी उन पर पत्थर भी फेंक देते।

उसके गिरोह से काफी बड़े व भारी-भरकम थे। लड़ाई खत्म करने के लिए अकसर पुलिस को बुलाना पड़ता था। अपने पुत्र के बाल-अपराध के लिए ब्रूस के पिता को ही पुलिस से क्षमा माँगनी पड़ती थी। घर लौटने पर ब्रूस को अपने पिता के हाथों देर तक पिटाई सहनी पड़ती। जब कभी वह आँख के आसपास चोट के निशान लिये लौटता तो घर में किसी से बात नहीं करता और सीधे जाकर अपने बिस्तर में घुस जाता था। वह सोचता कि उसके पिता को पता नहीं चलेगा या उसकी माँ उसके पिता को बताना भूल जाएँगी, जो वे कभी-कभी जानबूझकर किया करती थीं।

□

एक अभिनेता का उदय

ब्रूस ली का सिनेमा संसार के साथ रोमांस उस समय शुरू हुआ, जब वह केवल तीन माह का था। 'गोल्डन गेट गर्ल' नामक फिल्म के एक दृश्य में उसने अपने पिता द्वारा उठाकर ले जाए गए एक शिशु की भूमिका निभाई। उसने अपना पहला पूरा रोल छह वर्ष की उम्र में 'द बर्थ ऑफ मैनकाइंड' नामक एक फिल्म में अदा की। उस फिल्म में उसने एक ऐसे बच्चे का किरदार निभाया, जो अपनी ही उम्र के दूसरे बच्चे से लड़ता है। दूसरे बच्चे की भूमिका में उसका सबसे घनिष्ठ मित्र यूनीकॉर्न था। उसको पहली प्रमुख भूमिका कुछ माह बाद मिली, जब उसने उस समय के एक सर्वोच्च कैनटोनीज टी.वी. शो, 'चो सुइ' में अभिनय किया। उसने हांगकांग में एक कारखाने में काम करनेवाले एक बुद्धिमान् बच्चे की भूमिका निभाई, जिसका नाम 'ली सिउ लंग' (द लिटिल ड्रैगन) था।

पहले की भूमिकाओं में उसने अधिकतर एक अनाथ बच्चे या किसी शरारती बाजारू लड़के का किरदार निभाया। बाद में उसने एक बाल अपराधी या एक किशोर विद्रोही का रोल अदा करना शुरू कर दिया। उन फिल्मों में अकसर लड़ाई के दृश्य हुआ करते थे और उसने पहले ही अपनी एक अलग युद्ध-शैली विकसित कर ली थी; जैसे कि जैकेट की बाँहों को रगड़कर झाड़ना, मंद-मंद ताकते रहना, नाक के इस-उस तरफ अँगूठा रगड़ना, चेतावनी देने के लिए उँगली दिखाना। उसने अपने पिता से 'ताइची' (त् आइ ची) का औपचारिक प्रशिक्षण प्राप्त किया था, जो एक बाजारू युद्ध कला

है। वह अपने लड़ाई के दृश्यों में 'ताइची' की चालों एवं दाँव-पेचों को बड़े सटीक तरीके से समाविष्ट कर लिया करता था। एक बाल कलाकार के रूप में उसने करीब 20 फिल्मों में काम किया। 'ऑर्फन' फिल्म में एक बाल कलाकार के रूप में उसके द्वारा अभिनीत पहली और इकलौती मुख्य भूमिका को सर्वाधिक प्रशंसा मिली थी। फिर भी, एक अभिनेता के रूप में प्रत्येक भूमिका के साथ-साथ उसका अभिनय निखरता चला गया।

हांगकांग में चले आने के बाद फिल्मों का निर्माण हांगकांग और शंघाई के पश्चिमी प्रतिवेश में लोगों के जीवन को केंद्र में रखकर किया जाने लगा। मुख्य भूमि में जीवन को रजत-पट पर उतारने का कोई प्रयास नहीं किया गया। युद्ध कला पर आधारित फिल्मों में विशेष प्रभावों वाले दृश्य जोड़ दिए जाते थे, जिनमें नायक को हवा में पचास-पचास कलैयाँ मारते या एक बिल्डिंग से दूसरी बिल्डिंग तक सौ मीटर से अधिक की छलाँग लगाते हुए दिखाया जाता था।

चीन में चलचित्र की शुरुआत वर्ष 1896 में हुई और पहली चीनी फिल्म 'द बैटॅल ऑफ डिन्गजन्शन' 1905 में सिनेमाघरों में दिखाई गई थी। पहले कुछेक दशकों में चीनी फिल्म उद्योग शंघाई पर केंद्रित रहा। सन् 1930 को चीनी फिल्म उद्योग का 'स्वर्णिम काल' माना जाता है। एक वर्ष बाद सन् 1931 में चीन पर जापान के आक्रमण और शंघाई पर कब्जा करने के बाद उस नगर में फिल्म उद्योग बुरी तरह घट गया। फिल्म निर्माता वहाँ से हांगकांग, चांगकिंग तथा दूसरे स्थानों पर चले गए। हांगकांग में चले आने के बाद फिल्मों का निर्माण हांगकांग और शंघाई के पश्चिमी प्रतिवेश में लोगों के जीवन को केंद्र में रखकर किया जाने लगा। मुख्य भूमि में जीवन को रजत-पट पर उतारने का कोई प्रयास नहीं किया गया। युद्ध कला पर आधारित फिल्मों में विशेष प्रभावों वाले दृश्य जोड़ दिए जाते थे, जिनमें नायक को हवा में पचास-पचास कलैयाँ मारते या एक बिल्डिंग से दूसरी बिल्डिंग तक सौ मीटर से अधिक की छलाँग लगाते हुए दिखाया जाता था। फिल्म उद्योग में नवीनता एवं रचनात्मकता का अभाव

था, लेकिन युद्ध-कला के उस्ताद माने जानेवाले वांग फेइ हुंग के जीवन पर बनी एक फिल्म प्रदर्शित किए जाने के साथ ही यह सब बदलने वाला था। वांग फेइ हुंग सन् 1847 से 1924 तक रहे। वह 'कुंग फू' की 'हुंग गार' शैली सिखाते थे और कहा जाता है कि हर्बल चिकित्सा भी किया करते थे। उस फिल्म का निर्देशन हू पेंग ने किया था, जिसने लड़ाई के दृश्यों को फिल्माने के लिए स्पेशल इफेक्ट्स से परहेज किया, क्योंकि वह फिल्म में लड़ाई के असली दृश्य रखना चाहता था। पहली बार ऐसा हुआ कि दर्शकों ने स्पेशल इफेक्ट्स के बिना परदे पर लड़ाई का असली दृश्य देखा।

फिल्म में वांग फेइ हुंग का किरदार क्वाँ टाक हिंग नाम के एक अभिनेता ने अदा किया, जो ब्रूस के पिता के एक दोस्त थे। ब्रूस के पिता के समान क्वाँ टाक भी युद्ध कला में भलीभाँति प्रशिक्षित थे। उस फिल्म में जो किरदार उन्होंने निभाया, बहुत कुछ उसी की तरह उसने कुंग फू की हुंग गार शैली में भी श्रेष्ठता हासिल की थी। इसके अलावा, उसे युद्ध की शाओलिन शैली में भी उच्च दर्जे की दक्षता प्राप्त थी। यह शैली जानवरों की युद्धक चेष्टाओं पर आधारित थी। उसकी फिल्में 'सामरिक नैतिकता' के सिद्धांत पर आधारित थीं। युवा ब्रूस के मन पर उनका और उनकी फिल्मों का गहरा प्रभाव पड़ा। सन् 1950 से लेकर 1960 तक उसकी फिल्मों को बहुत अधिक सफलता मिली और उसके चाहनेवालों, अर्थात् प्रशंसकों की संख्या, जिसमें ब्रूस ली भी शामिल था, सारी हदों को पार कर गई। इस अवधि के दौरान बनी उसकी प्रत्येक फिल्म का एक-एक संवाद ब्रूस ली सुना सकता था।

□

कुंग फू

कुंग फू का मतलब होता है—श्रमिक अथवा मजदूर; वह आदमी, जो कला के साथ काम करता है, शारीरिक रूप से स्वयं का प्रयोग करने के लिए, रोग के निवारण या उपचार में प्रयुक्त शरीर का प्रयोग करने की कला, कुछ ताओवादी जिस अद्‌भुत एवं विलक्षण आसन या भंगिमा से स्वयं को वश में रखते हैं। 'कुंग फू' का अभिप्राय है—श्रम या काम, गुण एवं अर्थ में 'कॉन्गाउ (Congou)' शब्द से मेल खाता है, जिसका प्रयोग दक्षिण में एक प्रकार की चाय के संदर्भ में किया जाता है। चीन में इसका प्रयोग चिकित्सा की दृष्टि से उन्हीं विषयों के संदर्भ में होता है, जिन विषयों को जर्मन में 'हेल जिमनास्टिक' (Heil Gymnastik) या रोगनाशक व्यायाम और फ्रेंच में 'काइनेसियालॉजी' (Kinesiologie) अथवा 'क्रिया विज्ञान' कहा जाता है।

(जॉन डजियन द्वारा 'कुंग फू' से उद्धरण)

1950 के दशक में हांगकांग में बहुत गरीबी थी। अर्थव्यवस्था चरमरा रही थी। आबादी बहुत ज्यादा थी और अराजकता का साम्राज्य था। हजारों लोग कम्युनिस्ट चीन से भागकर एक सुरक्षित भविष्य की खोज में हांगकांग में बस गए थे, जो उस समय ब्रिटिश शासन के अधीन था। सरकारी पूँजी से प्रदत्त शिक्षा एक अल्प संख्या को ही उपलब्ध थी, शेष लोग प्राय: काम-धंधे और नौकरियों की तलाश में सड़कों पर मारे-मारे फिरते थे। रोजगार का नितांत अभाव था। बेरोजगार युवकों की संख्या बढ़ती चली गई, जिसका नतीजा यह हुआ कि इन नौजवानों ने सहज रूप से धन कमाने और सस्ते

जोखिम की तलाश में अपने बीच गिरोह बना लिये। हांगकांग में सर्वत्र अनेक गिरोह खड़े हो गए, जो भिन्न-भिन्न इलाकों पर अपना आधिपत्य जमाने की खातिर अकसर आपस में भिड़ जाते थे। सड़कों पर विभिन्न गिरोहों के बीच लड़ाई-झगड़ा एक आम बात हो गई थी। अनेक गिरोहों के बीच आपस में खून-खराबा तक हो जाता था। चूँकि ऐसे गिरोहों के सदस्यों के पास हथियार नहीं होते थे, उनके बीच मुख्यतः हाथापाई और मुक्केबाजी होती थी।

ब्रूस को हालाँकि एक प्राइवेट स्कूल में दाखिला मिल गया था, फिर भी वह किसी-न-किसी तरह सड़कों पर आने से स्वयं को रोक नहीं पाता था। उसने अपना ही एक छोटा सा गिरोह बना लिया, जिसे उसने 'टाइगर्स ऑफ जंक्शन स्ट्रीट' नाम दिया।

ब्रूस के जन्मदिन की एक पार्टी में पहली बार उसकी मुलाकात विलियम चेयुंग से हुई। विलियम चेयुंग हांगकांग के सबसे मशहूर बाजारू लड़ाकों में से एक था। नगर के लोगों के अनुसार, वह कुंग फू की एक अद्‌भुत शैली का अभ्यास करता था, जिसे 'विंग चुन' कहा जाता है। अपने जन्मदिन के जश्न में मौजूद विलियम चेयुंग के पास जाकर ब्रूस ने उससे विंग चुन शैली सिखाने का अनुरोध किया। विलियम ने उसे गंभीरता से नहीं लिया और उसे अपने अभिनय के पेशे पर अधिक-से-अधिक ध्यान देने की सलाह दी।

ब्रूस के जन्मदिन की एक पार्टी में पहली बार उसकी मुलाकात विलियम चेयुंग से हुई। विलियम चेयुंग हांगकांग के सबसे मशहूर बाजारू लड़ाकों में से एक था। नगर के लोगों के अनुसार, वह कुंग फू की एक अद्‌भुत शैली का अभ्यास करता था, जिसे 'विंग चुन' कहा जाता है। अपने जन्मदिन के जश्न में मौजूद विलियम चेयुंग के पास जाकर ब्रूस ने उससे विंग चुन शैली सिखाने का अनुरोध किया। विलियम ने उसे गंभीरता से नहीं लिया और उसे अपने अभिनय के पेशे पर अधिक-से-अधिक ध्यान देने की सलाह दी।

एक दिन जब ब्रूस किसी लड़ाई में बुरी तरह पिटकर आया तो उसने कहा कि वह कोई ऐसी युद्ध-कला सीखना चाहता है, जिससे इस तरह की

लड़ाइयों में बेहतर ढंग से अपना बचाव कर सके। हालाँकि उसने 'त् आइ ची' में अपने पिता से औपचारिक प्रशिक्षण प्राप्त किया था, किंतु 'त् आइ ची' की सुस्त चालें उसके लिए किसी काम की नहीं थीं। वह तेज व फुरतीले दाँव-पेच सीखना चाहता था; ऐसी चालें, जो तीव्रता और ताकत से भरी हों। लगातार तंग और परेशान करने के बाद उसकी माँ उसे प्रशिक्षण के लिए रकम देने के लिए राजी हो गईं।

अपनी माँ से रकम मिल जाने के बाद ली ने विलियम चेयुंग को ढूँढ़ निकाला और उससे उसी स्कूल में प्रशिक्षण दिलाने की माँग की, जहाँ से उसने प्रशिक्षण पाया था। चूँकि ली बहुत समय से उसे रिझाने में लगा हुआ था, विलियम उसे रेस्तराँ वर्कर्स यूनियन हॉल का रास्ता दिखाने से मना नहीं कर सका, जहाँ कक्षाएँ लगती थीं। फिर उसने स्कूल के मास्टर यिपमैन को अपना परिचय दिया। ब्रूस के प्रसिद्ध प्राप्त परिचय से प्रभावित होकर यिपमैन ने उसे कक्षा में आने की सहर्ष सहमति दे दी।

अपनी माँ से रकम मिल जाने के बाद ली ने विलियम चेयुंग को ढूँढ़ निकाला और उससे उसी स्कूल में प्रशिक्षण दिलाने की माँग की, जहाँ से उसने प्रशिक्षण पाया था। चूँकि ली बहुत समय से उसे रिझाने में लगा हुआ था, विलियम उसे रेस्तराँ वर्कर्स यूनियन हॉल का रास्ता दिखाने से मना नहीं कर सका, जहाँ कक्षाएँ लगती थीं। फिर उसने स्कूल के मास्टर यिपमैन को अपना परिचय दिया। ब्रूस के प्रसिद्ध प्राप्त परिचय से प्रभावित होकर यिपमैन ने उसे कक्षा में आने की सहर्ष सहमति दे दी।

प्रशिक्षण आरंभ हो जाने पर ब्रूस ने विंग चुन सीखने में स्वयं को पूरी तरह समर्पित कर दिया। विंग चुन के प्रति उसका यह समर्पण एक प्रकार की सनक में तब्दील हो गया। स्कूल में अन्य प्रशिक्षार्थी उसे 'फाइटिंग क्रेजी' उपनाम से बुलाने लगे। शुरू-शुरू में तो ब्रूस ने केवल स्ट्रीट फाइटिंग के लिहाज से इस युद्ध-कला को सीखने का इरादा किया था; लेकिन जैसे-जैसे समय बीतता गया, उसने 'विंग चुन' की सूक्ष्म-

से-सूक्ष्म बारीकियों और अंतरभेदों पर अधिक ध्यान देना शुरू कर दिया। युद्ध-कौशल के क्षेत्र में जिस मौलिक सिद्धांत को जानने-समझने की सर्वाधिक आवश्यकता होती है, उसे असल जीवन में व्यावहारिक बनाने की योग्यता ब्रूस में उसी समय नजर आने लगी थी, जब उसने यिप मैन से प्रशिक्षण लेना आरंभ किया था। कुंग फू की 'विंग चुन' शैली, जिसे ब्रूस अत्यधिक निष्ठा एवं समर्पण भाव से सीख रहा था, विश्व के सामने उसके जरिए ही आने वाली थी।

'कुंग फू' शब्द का प्रयोग आमतौर पर अनेक चीनी युद्ध-कलाओं के लिए प्रायः एक छत्र शब्द के रूप में किया जाता है। इसका संबंध केवल युद्ध-कलाओं के इतिहास से नहीं है, क्योंकि यह किसी भी उस विशिष्ट उपलब्धि या परिष्कृत कौशल को भी परिभाषित करता है, जिसे कठिन परिश्रम के बाद हासिल किया जाता है। उस अर्थ में 'कुंग फू' शब्द का प्रयोग इस ढंग से अर्जित किसी भी क्षमता को स्पष्ट करने के लिए किया जा सकता है, न कि कुल मिलाकर उन सभी युद्ध-कलाओं के लिए।

'कुंग फू' शब्द का प्रयोग आमतौर पर अनेक चीनी युद्ध-कलाओं के लिए प्रायः एक छत्र शब्द के रूप में किया जाता है। इसका संबंध केवल युद्ध-कलाओं के इतिहास से नहीं है, क्योंकि यह किसी भी उस विशिष्ट उपलब्धि या परिष्कृत कौशल को भी परिभाषित करता है, जिसे कठिन परिश्रम के बाद हासिल किया जाता है। उस अर्थ में 'कुंग फू' शब्द का प्रयोग इस ढंग से अर्जित किसी भी क्षमता को स्पष्ट करने के लिए किया जा सकता है, न कि कुल मिलाकर उन सभी युद्ध-कलाओं के लिए। फिर भी, 'कुंग फू' शब्द का प्रयोग समकालीन विश्व में चीन की युद्ध-कलाओं के एक महत्त्वपूर्ण एवं उल्लेखनीय अंश को परिभाषित करने हेतु किया जाता है। इस अर्थ में यह शब्द अत्यंत विविधतापूर्ण युद्ध संबंधी संरचनाओं की विशेषताओं की ओर संकेत करता है, जिनका पता लगाना चुनौती भरा कार्य है।

यह वस्तुत: चीनी कलाओं को उन लोक-प्रसिद्ध सामरिक कलाओं के वर्गीकरण से अलग करता है, जहाँ एक निष्कलंक वंश परंपरा के बारे में प्राय: जानकारी नहीं होती है।

चीन में युद्ध संबंधी कलाओं ने लगभग उन्हीं कारणों से अपने पाँव जमाए, जिन कारणों से अन्य किसी भी समाज में इनका जन्म हुआ। आखेट संबंधी क्रिया-कलापों में सहायता और शत्रुओं से अपना बचाव करने के उद्‌देश्य से, इसके अलावा सामरिक तकनीकों के संकेत, जिनमें अस्त्र-शस्त्र एवं सेनाओं से संबद्ध संकेत भी शामिल हैं, जो चीन के पिछले हजारों वर्षों के इतिहास में पाए जाते हैं। उस देश के शंकालु सम्राट् हुआंग्डी, जिसने ई.पू. 2698 में शासन किया, ने कलाओं को महत्त्व एवं गौरव प्रदान करना आरंभ किया। इतिहास बताता है कि उसने सेना को सिखाई जानेवाली एक युद्ध-शैली का भी आविष्कार किया। उस प्रकार की लड़ाई में सींगदार टोपों का इस्तेमाल किया जाता था, जिन्हें 'हॉर्न बटिंग' (Horn Butting) या 'जियाओ डाइ' (Jioao Di) कहा जाता था। अंतत: इसमें जोड़-पाश (Joint Locks) प्रहार एवं कुंदों (Blocks) को भी शामिल कर लिया गया और यह क्विन राजवंश के दौरान (ई.पू. 221 के आसपास) एक खेल (Sport) भी बन गया।

चीन में युद्ध संबंधी कलाओं ने लगभग उन्हीं कारणों से अपने पाँव जमाए, जिन कारणों से अन्य किसी भी समाज में इनका जन्म हुआ। आखेट संबंधी क्रिया-कलापों में सहायता और शत्रुओं से अपना बचाव करने के उद्‌देश्य से, इसके अलावा सामरिक तकनीकों के संकेत, जिनमें अस्त्र-शस्त्र एवं सेनाओं से संबद्ध संकेत भी शामिल हैं, जो चीन के पिछले हजारों वर्षों के इतिहास में पाए जाते हैं।

यह समझना भी आवश्यक है कि चीन की युद्ध-कलाओं का वहाँ की संस्कृति में सैद्धांतिक और आध्यात्मिक महत्त्व रहा है। इसके अलावा, ज्हाओ राजवंश (1045 ई.पू. से 256 ई.पू.) के दौरान कन्फ्यूशियनवादी और ताओवादी विचारों के साथ भी युद्ध संबंधी कलाओं का विकास होता रहा।

मिसाल के तौर पर, यिंग-यैंग के बारे में पूर्णतः विरोधी अथवा एक-दूसरे के बिल्कुल विपरीत ताओवादी धारणा को बहुत हद तक कुंग फू की रचना में शामिल कठोर एवं कोमल पद्धतियों से संबंधित पाया गया। यह कला कन्फ्यूशियनवाद के आदर्शों के साथ-साथ भी विकसित हुई, क्योंकि ये आदर्श उन आदर्श प्रथाओं के अनुकूल थे, जिनका अभ्यास लोगों को अवश्य करना चाहिए।

इसी कारण कुंग फू के संदर्भ में बौद्ध धर्म के बारे में बात करना बहुत महत्त्व रखता है। बौद्ध धर्म वर्ष 58-76 ईसवी के दौरान भारत से चीन में आया, क्योंकि उस समय दोनों देशों के बीच संबंध फल-फूल रहे थे। इस अनुकूल स्थिति के चलते चीन में बौद्ध धर्म के प्रचलन का बहुत अधिक विस्तार हुआ, क्योंकि मठवासियों एवं साधु-संन्यासियों का दोनों देशों में खूब आना-जाना होने लगा था। बोधि-धर्म नामक एक भारतीय का उल्लेख युद्ध-कला संबंधी इतिहास की पुस्तकों में मुख्य रूप से मिलता है।

इसी कारण कुंग फू के संदर्भ में बौद्ध धर्म के बारे में बात करना बहुत महत्त्व रखता है। बौद्ध धर्म वर्ष 58-76 ईसवी के दौरान भारत से चीन में आया, क्योंकि उस समय दोनों देशों के बीच संबंध फल-फूल रहे थे। इस अनुकूल स्थिति के चलते चीन में बौद्ध धर्म के प्रचलन का बहुत अधिक विस्तार हुआ, क्योंकि मठवासियों एवं साधु-संन्यासियों का दोनों देशों में खूब आना-जाना होने लगा था। बोधि-धर्म नामक एक भारतीय का उल्लेख युद्ध-कला संबंधी इतिहास की पुस्तकों में मुख्य रूप से मिलता है। उसने चीन में हाल में ढाले गए शाओलिन मंदिरों में साधु-संन्यासियों को उपदेश दिया और आत्म-विलोपन एवं आत्म-नियंत्रण जैसे विचारों की घुट्टी पिलाकर न केवल उनकी सोच-विचार करने की क्षमताओं को बदला, बल्कि ऐसा लगता है कि उन साधु-संन्यासियों को युद्ध करने तथा कला संबंधी चेष्टाओं में भी दीक्षित करने का काम किया।

हालाँकि यह धारणा संदेह से परे नहीं है, लेकिन एक बात जरूर स्पष्ट प्रतीत होती है कि चीन में बोधि-धर्म के चरण पड़ने के बाद मठवासी युद्ध

कला विशेषज्ञों के रूप में विख्यात हो गए; क्योंकि उन्होंने अपनी कला को सान चढ़ाने एवं निखारने में बहुत अधिक मेहनत की थी। उसी समय देश में विद्यमान ताओवादी मठों ने भी कुंग फू की भिन्न-भिन्न शैलियों में प्रशिक्षण को प्रोत्साहन प्रदान किया।

प्रारंभ में कुंग फू को वास्तव में एक विशिष्ट कला का दर्जा प्राप्त था और उसका अभ्यास केवल सत्ताभोगी कर सकते थे। भला हो चीन पर कब्जा करनेवाले जापानियों का और बाद में फ्रांस व ब्रिटेन द्वारा किए गए आक्रमणों का, जिनसे सबक लेकर चीन के लोगों ने युद्ध-कला विशेषज्ञों के लिए सहर्ष अपने दरवाजे खोल दिए, ताकि वे चीन के मूल निवासियों को युद्ध-कला का प्रशिक्षण देकर उन्हें विदेशी हमलावरों को खदेड़ने में सक्षम बना सकें। दुर्भाग्यवश, जन-साधारण को शीघ्र ही यह बात समझ में आ गई कि युद्ध-कलाएँ उनके शत्रुओं की गोलियों का मुकाबला नहीं कर सकती हैं।

भला हो चीन पर कब्जा करनेवाले जापानियों का और बाद में फ्रांस व ब्रिटेन द्वारा किए गए आक्रमणों का, जिनसे सबक लेकर चीन के लोगों ने युद्ध-कला विशेषज्ञों के लिए सहर्ष अपने दरवाजे खोल दिए, ताकि वे चीन के मूल निवासियों को युद्ध-कला का प्रशिक्षण देकर उन्हें विदेशी हमलावरों को खदेड़ने में सक्षम बना सकें।

वर्षों बाद साम्यवाद (कम्युनिज्म) का चेहरा लिये एक नया शत्रु कुंग फू के सामने आ गया। जब माओ जेडांग ने अंततः चीन की सत्ता सँभाली, उसने एक विशिष्ट प्रकार के साम्यवाद, अपने ठप्पे वाले साम्यवाद, का निर्माण करने के उद्देश्य से हर उस चीज को नष्ट करने का प्रयास किया, जो रिवाजी अथवा प्रचलित थी। उसके शासन के दौरान कुंग फू एवं चीनी इतिहास की पुस्तकों पर हमले हुए और शाओलिन मंदिर में मौजूद युद्ध-कला संबंधी अधिकतर साहित्य को भी नष्ट करने में कसर नहीं छोड़ी गई। इसके अलावा, अनेक कुंग फू शिक्षक देश छोड़कर भाग गए, जब तक कि चीन की युद्ध-कला कुछ वर्ष बाद पहले की तरह चीनी संस्कृति की

मुख्य धारा का एक हिस्सा नहीं बन गई (इस मामले में साम्यवादी राष्ट्र)।

युद्ध शैलियों की एक श्रेणी में ब्रूस ली ने विंग चुन में विशेष योग्यता प्राप्त की। विंग चुन करीब 300 वर्ष पूर्व दक्षिणी चीन में स्थापित युद्ध कलाओं के एक वर्गीकरण का नाम है। इसकी आविष्कारक बौद्धधर्मी पुनीत भगिनी नग मुइ (Ng Mui), शाओलिन कुंग फू की एक शिक्षिका थीं और उसने अपनी विशेषज्ञता का प्रयोग अन्य शाओलिन ढाँचों में अंतर्निहित कमजोरी का फायदा उठाने के उद्देश्य से किया। इस पद्धति को बहुत सुरक्षित रखा गया था और बहुत ही थोड़े से विद्यार्थियों को उसकी जानकारी प्राप्त थी। कुछ समय बाद यह शैली 'विना चुन' के नाम से प्रसिद्ध हुई। यह नाम नग मुइ की पहली शिष्य यिम विंग चुन नामक एक महिला के नाम पर रखा गया था। सन् 1949 में यिप मैन, जिसे समकालीन विंग चुन का महायोद्धा माना जाता था, इस शैली को चीन से निकालकर हांगकांग में लाया और अंतत: इसे विश्व के सामने पेश किया।

युद्ध शैलियों की एक श्रेणी में ब्रूस ली ने विंग चुन में विशेष योग्यता प्राप्त की। विंग चुन करीब 300 वर्ष पूर्व दक्षिणी चीन में स्थापित युद्ध कलाओं के एक वर्गीकरण का नाम है। इसकी आविष्कारक बौद्धधर्मी पुनीत भगिनी नग मुइ (Ng Mui), शाओलिन कुंग फू की एक शिक्षिका थीं और उसने अपनी विशेषज्ञता का प्रयोग अन्य शाओलिन ढाँचों में अंतर्निहित कमजोरी का फायदा उठाने के उद्देश्य से किया।

विंग चुन की मुख्य धारणा है कि बिंदुओं के बीच सबसे कम दूरी को एक सीधी लकीर पर मापा जाता है। ता, इची में तो पद-प्रहार (लत्ती मारना) बड़े घेरों में किया जाता है; किंतु उसके विपरीत, विंग चुन में पद-प्रहार छोटे-छोटे घेरे में किया जाता है, जिसके कारण इनमें ता, इची में किए जानेवाले पद-प्रहारों की अपेक्षा अधिक तेजी आ जाती है। विंग चुन की चालें शत्रु पर प्रहार के लिए यथासंभव अधिकतम सीधा रास्ता लेती हैं, जो इस धारणा पर आधारित है कि दो बिंदुओं के बीच एक सीधी लकीर होती है। मुख्य लक्ष्य मध्य रेखा पर पड़ते हैं, जो विरोधी के महत्त्वपूर्ण दैहिक अंगों (जैसे कि गला,

हृदय, पेट और उरमूल अथवा गंडक) को काटनेवाली एक कल्पित लंबवत् रेखा है। विंग चुन में लत्ती या पद-प्रहार विरोधी के वक्ष पर कंधों से तिर्यक प्रहार के बजाय बीचोबीच किया जाता है। यह तकनीक कुंग फू की मध्य रेखा संबंधी धारणा को समझाने में मदद करती है। युद्ध-कला के अन्य प्रकारों में पुष्टि-प्रहार, जबकि कंधे से मध्य रेखा की ओर तिरछे किया जाता है। इस दृष्टिकोण के पीछे कारण यह बताया जाता है कि जब व्यक्ति हाथ को कंधे से वक्ष के मध्य में लाता है और फिर मध्य रेखा से नीचे विरोधी की ओर ले जाता है तो दूरी कम पड़ती है।

विंग चुन का सबसे कठिन पहलू है 'चीन साओ' या 'हाथों को सटाए रखना'। इस शब्दावली का प्रयोग शत्रु से संपर्क होने और उससे सटे रहने की कल्पना पर स्वाभाविक प्रतिक्रियाओं को विकसित करने के सिद्धांत तथा अभ्यास दो विशेषज्ञों द्वारा एक-दूसरे की अग्र भुजाओं के साथ संपर्क बनाए रखते हुए तकनीकों का प्रदर्शन करते समय किया जाता है। इस प्रकार वे दैहिक क्रियाविधि, बल, प्रचंड प्रहार और स्पर्श में परिवर्तन का पता लगाने हेतु एक-दूसरे को तैयार करते हैं।

विंग चुन का सबसे कठिन पहलू है 'चीन साओ' या 'हाथों को सटाए रखना'। इस शब्दावली का प्रयोग शत्रु से संपर्क होने और उससे सटे रहने की कल्पना पर स्वाभाविक प्रतिक्रियाओं को विकसित करने के सिद्धांत तथा अभ्यास दो विशेषज्ञों द्वारा एक-दूसरे की अग्र भुजाओं के साथ संपर्क बनाए रखते हुए तकनीकों का प्रदर्शन करते समय किया जाता है। इस प्रकार वे दैहिक क्रियाविधि, बल, प्रचंड प्रहार और स्पर्श में परिवर्तन का पता लगाने हेतु एक-दूसरे को तैयार करते हैं। इस अभ्यास से प्राप्त संवर्धित संवेदना एक विशेष योग्यता प्राप्त व्यक्ति को आक्रमण करने तथा एक शत्रु की चेष्टाओं का सही ढंग से, त्वरित गति से और उपयुक्त विधि से मुकाबला करने में सहायक होती है। ची जर्क या टाँगों को अटकाए रखने की तकनीक में पूर्व निर्धारित पग-केंद्रित चेष्टाएँ सम्मिलित हैं, जिन्हें उसी प्रकार अमल में लाया जाता है, जिस प्रकार ची साओ में।

ची साओ का प्रशिक्षण तीन चरणों में पूरा होता है। प्रत्येक चरण में अभ्यास करनेवाले को पूर्व-निर्धारित चेष्टाओं से अनिश्चित चेष्टाओं की ओर प्रगति करनी होती है और उससे ऊपर की अवस्था में उसे आँखों पर पट्टी बाँधकर अभ्यास करना होता है। व्यक्ति को यह बात अवश्य ध्यान में रखनी चाहिए कि ची साओ की चेष्टाएँ वास्तविक भिड़ंत की स्थितियों में विरले ही लागू होती हैं; लेकिन वे समन्वय और जागरूकता विकसित करने में अवश्य सहायक होती हैं, जिन्हें युद्ध-कलाओं का सर्वाधिक महत्त्वपूर्ण पहलू माना जाता है। ब्रूस ली ने ची साओ के माध्यम से ही यिन येंग की पारस्परिक क्रियाओं की शक्तियों का पहला अनुभव प्राप्त किया।

यिंग और येंग का दार्शनिक सिद्धांत प्रकृति के युगों पुराने चिंतन से उत्पन्न हुआ था। यह सिद्धांत बतलाता है कि सृष्टि में हर चीज स्वाभाविक रूप से स्वयं को किस तरह परस्पर विपरीत प्रकृति के जोड़ों में वर्गबद्ध करके रखती है, जैसे कि सूर्य और चंद्रमा, सर्दी और गरमी, स्वर्ग और पृथ्वी, ऊपर और नीचे, रात और दिन, पुरुष और स्त्री, अंदर और बाहर, क्रिया और निष्क्रियता।

यिंग और येंग का दार्शनिक सिद्धांत प्रकृति के युगों पुराने चिंतन से उत्पन्न हुआ था। यह सिद्धांत बतलाता है कि सृष्टि में हर चीज स्वाभाविक रूप से स्वयं को किस तरह परस्पर विपरीत प्रकृति के जोड़ों में वर्गबद्ध करके रखती है, जैसे कि सूर्य और चंद्रमा, सर्दी और गरमी, स्वर्ग और पृथ्वी, ऊपर और नीचे, रात और दिन, पुरुष और स्त्री, अंदर और बाहर, क्रिया और निष्क्रियता।

आगामी शब्द चीन की उत्कृष्ट कृति आइचिंग में पाए गए 'संलग्न टिप्पणियाँ' खंड से लिये गए हैं। एक यिन और एक येंग—दोनों मिलकर ताओ बनाते हैं। जब यिन और येंग के गुण एक हो जाते हैं, तब कोमल और कठोर को उनका भौतिक रूप प्राप्त होता है। चूँकि ये शब्द दो हजार से भी अधिक वर्ष पहले बोले गए थे, वे चीन की दो महान् दार्शनिक विचारधाराओं, अर्थात् ताओवाद और कन्फ्यूशियसवाद के लिए सिद्धांत रूप में मूल आधार

या नींव बन गए। ये दोनों विचारधाराएँ दो परस्पर विरोधी, फिर भी समान रूप से क्षतिपूरक मापदंड के लिए यिन और येंग की धारणा सामंजस्य में एकता स्थापित करती है।

यिन येंग के सिद्धांत का प्रयोग उस व्यवस्था को स्पष्ट करने के लिए किया जाता है, जिसमें प्रकृति एक तीसरी शक्ति को जन्म देती है। एक ऐसी शक्ति, जो ब्रह्मांड के जरिए विस्तृत होती है और प्रत्येक जीवित प्राणी में एक प्राण शक्ति का निर्माण करती है। चीन के प्राचीन दर्शन-शास्त्र, जिसे ची ('Ch' 'I') के रूप में भी जाना जाता है। चीन के दर्शन-शास्त्र एवं संस्कृति का सबसे महत्त्वपूर्ण सिद्धांत है ची। इस दर्शन-शास्त्र की जड़ें चीन के अनेक परंपरागत धर्मों में पाई जाती हैं; लेकिन मुख्यतः ताओवादी और कन्फ्यूशियसवादी धर्म में 'ची' का वास्तविक अर्थ है 'वायु' या 'श्वास'। लेकिन एक धारणा के रूप में यह शब्द उस ऊर्जा प्रवाह या प्राण-शक्ति की ओर संकेत करता है, जिसे ब्रह्मांड में व्याप्त माना जाता है। फिर भी चीनी चिंतन में 'ची' हमेशा एक बहस का विषय रहा है। कुछ चीनी विचारक मानते हैं कि यह भौतिक जगत् से अलग एक शक्ति है, जबकि अनेक लोगों का विचार है कि यह भौतिक तत्त्व से आती है।

यिन येंग के सिद्धांत का प्रयोग उस व्यवस्था को स्पष्ट करने के लिए किया जाता है, जिसमें प्रकृति एक तीसरी शक्ति को जन्म देती है। एक ऐसी शक्ति, जो ब्रह्मांड के जरिए विस्तृत होती है और प्रत्येक जीवित प्राणी में एक प्राण शक्ति का निर्माण करती है। चीन के प्राचीन दर्शन-शास्त्र, जिसे ची ('Ch' 'I') के रूप में भी जाना जाता है। चीन के दर्शन-शास्त्र एवं संस्कृति का सबसे महत्त्वपूर्ण सिद्धांत है ची।

स्कूल से घर आने के बाद ब्रूस ली सीधे यिप मैन की कक्षा के लिए दौड़ जाता। कक्षा तक पहुँचने के रास्ते में वह अभ्यास करता रहता और नई-नई चेष्टाओं को आजमाया करते। उन्हें ऐसा करते देख राह चलते लोगों को बड़ा मजा आता। वह घर में भी नहीं रुकता था। कक्षा में सीखी हुई चेष्टाओं

को वह बार-बार और तब तक दोहराता रहता, जब तक कि उसकी माँ उन्हें सुला नहीं देती थीं।

यिप मैन के पुराने शिष्यों ने एक दिन यिप मैन से कहा कि ब्रूस ली उन्हें लड़ाई में आसानी से परास्त कर देता है और इस बात से वे बहुत नाराज हैं। उन्होंने सोचा कि वह ब्रूस को गुप्त रूप से कुछ ऐसा सिखा रहा है, जिसके बारे में उन्हें कुछ पता नहीं है। इसके अलावा, वे चाहते थे कि उन्हें भी वही सिखाया जाए, जो ब्रूस को सिखाया जा रहा है। यिप मैन को तब जाकर महसूस हुआ कि ब्रूस वास्तव में कुंग फू के बारे में गंभीर है और एक उज्ज्वल भविष्य उसकी प्रतीक्षा कर रहा है।

□

अमेरिका जाना

कुंग फू सीखना शुरू करने के एक साल बाद ही ब्रूस ली को नृत्य करने में रुचि पैदा हो गई। उसने एक स्थानीय नृत्य विद्यालय में चा चा चा सीखना आरंभ कर दिया। अकसर वह विंग चुन के एक साथी विद्यार्थी विक्टर कैन के साथ स्कूल चला जाता था। ब्रूस ने मुख्यत: पर्ल चो नामक अपनी प्रेमिका को प्रभावित करने के उद्देश्य से नृत्य सीखना आरंभ किया था।

उसे अपनी पहली गंभीर प्रेयसी ऐमी चान में नजर आई, जो बाद में पाक यैन के नाम से पूर्वी फिल्म उद्योग में मशहूर हुई। दोनों अकसर स्थानीय क्लब में नृत्य करने जाया करते थे। ब्रूस को ऐमी के साथ समय बिताने के लिए जब जाना होता, वह खुद अपने हाथों प्रेस किए हुए कपड़े जल्दी से पहन लेता। ऐमी को वह अजीब और सुशील लगता था। लेकिन दूसरे लोगों की मौजूदगी में उसे सँभालना अकसर बहुत मुश्किल हो जाता था।

जैसे-जैसे उम्र बढ़ रही थी, वैसे-वैसे ब्रूस के लिए क्रोध और निराशा जैसी भावनाओं पर नियंत्रण रखना अधिकाधिक कठिन होता जा रहा था। उसे ची साओ के सूक्ष्म भेदों और बारीकियों को सीखने में भी कठिन समय से गुजरना पड़ रहा था। उसके लिए यह वास्तव में एक मुश्किल भरा समय था।

ब्रूस ली अकसर दूसरे गुटों के साथ लड़ाई में उलझ जाता था। ब्लेड और चाकू जैसे हथियार साथ में रखने के बावजूद उसने कभी उनका इस्तेमाल नहीं किया। अधिकतर लड़ाइयों में वह मुक्के और लातें खाकर टूटी नाक तथा काली-सूजी आँखें लिये घर लौटता था। लगभग हर लड़ाई-झगड़े के बाद

उसकी माँ को पुलिस थाने जाकर अपने बेटे को छुड़ाना पड़ता था।

गिरोहों के बीच एक लड़ाई में तो ब्रूस ने अपने विरोधी को इतनी बुरी तरह मारा-पीटा कि विलियम चेयुंग और उसकी माँ दोनों को उसका बचाव करने के लिए तुरंत पुलिस थाने दौड़ना पड़ा। स्थितियों से निपटने में उसकी अपर्याप्त दक्षता के लिए कुछ दोष तो उसके क्रोधी स्वभाव और उतावलेपन को जाता है और कुछ उसके उस्ताद यिप मैन को, जिसने अपने शिष्यों से कहा था कि उन्हें अपनी चेष्टाओं की आजमाइश असल दुनिया में करनी चाहिए। यिप मैन ने अपने शिष्यों को शांति और धैर्य रखने की सलाह भी दी थी; लेकिन ब्रूस इन गुणों को कभी ग्रहण नहीं कर पाए। ब्रूस को यदा-कदा भी हारना या हार से समझौता करना मंजूर नहीं था।

जीवन में निरुद्देश्य भटकते रहने से थक-हारकर ब्रूस ने यिप मैन की सलाह को स्वीकार किया और कुछ समय के लिए प्रशिक्षण त्याग दिया। अब इस खाली समय में वह अपने आपसे कुछ तरह के आवश्यक सवाल करने लगा, जैसे कि 'यही शैली क्यों?' या 'कुंग फू किस लिए?' कुछ समयोपरांत उसने अपने इन सवालों के जवाब तलाशना छोड़ दिए और मुड़कर वही करने लगा, जिसमें वह श्रेष्ठ था—कुंग फू।

एक दिन यिप मैन ने उसे कुछ समय के लिए प्रशिक्षण रोक देने और अपने बारे में सोच-विचार करने की सलाह दी। जीवन में निरुद्देश्य भटकते रहने से थक-हारकर ब्रूस ने यिप मैन की सलाह को स्वीकार किया और कुछ समय के लिए प्रशिक्षण त्याग दिया। अब इस खाली समय में वह अपने आपसे कुछ तरह के आवश्यक सवाल करने लगा, जैसे कि 'यही शैली क्यों?' या 'कुंग फू किस लिए?' कुछ समयोपरांत उसने अपने इन सवालों के जवाब तलाशना छोड़ दिए और मुड़कर वही करने लगा, जिसमें वह श्रेष्ठ था—कुंग फू।

उसकी तीव्र प्रगति से जले-भुने उसके अनेक जूनियर्स को जब उसके जर्मन वंश के बारे में पता चला तो उन्होंने इस जानकारी का इस्तेमाल स्कूल से उसका बहिष्कार करने के लिए एक बहाने के रूप में किया। यिप मैन के

परंपरावादी दृष्टिकोण पर भरोसा करते हुए उन्हें उम्मीद थी कि वे उसे स्कूल से निकलवाने में सफल हो जाएँगे; लेकिन जब इस युक्ति से काम नहीं चला और यिप मैन ने ब्रूस को बाहर भेजने से साफ मना कर दिया तो उन्होंने उसके साथ लड़ने तथा साथ में अभ्यास करने से इनकार करके तगड़ा विरोध जताया। स्कूल में इस प्रकार की शत्रुता सहते-सहते ब्रूस अब तक तंग आ चुका था। अत: उसने स्कूल से नाता तोड़ने और यिप मैन के साथ अभ्यास करना छोड़ देने का फैसला कर लिया। फिर उसने यिप मैन के एक सीनियर विद्यार्थी वांग शेयुंग लीयंग और बाद में विलियम चेयुंग के साथ अभ्यास करना आरंभ कर दिया। वांग शेयुंग के पास विद्यार्थियों का एक छोटा ग्रुप था, जिन्हें वह सिखाता था। ब्रूस अकसर उन्हें झूठ बोल देता कि कक्षा आज नहीं लगेगी, ताकि वांग शेयुंग का सारा समय और पूरा ध्यान उसे मिल सके।

सेंट फ्रांसिस जेवियर हाई स्कूल में ब्रूस ली के एक शिक्षक ब्रदर एडवर्ड ने उसे सन् 1958 इंटर स्कूल बॉक्सिंग चैंपियनशिप में हिस्सा लेने के लिए प्रोत्साहित किया। वह उस चैंपियनशिप में भाग लेने के लिए खुशी से राजी हो गया और उसके लिए उसने विलियम चेयुंग के साथ जमकर अभ्यास किया। आरंभिक राउंड्स तो वह आसानी से पार कर गया। अपने विरोधियों को उसने तीन से भी कम राउंड में परास्त कर दिया।

सेंट फ्रांसिस जेवियर हाई स्कूल में ब्रूस ली के एक शिक्षक ब्रदर एडवर्ड ने उसे सन् 1958 इंटर स्कूल बॉक्सिंग चैंपियनशिप में हिस्सा लेने के लिए प्रोत्साहित किया। वह उस चैंपियनशिप में भाग लेने के लिए खुशी से राजी हो गया और उसके लिए उसने विलियम चेयुंग के साथ जमकर अभ्यास किया। आरंभिक राउंड्स तो वह आसानी से पार कर गया। अपने विरोधियों को उसने तीन से भी कम राउंड में परास्त कर दिया। अंतिम दौर की प्रतियोगिताओं में उसका मुकाबला तीन बार के चैंपियन गैरी ऐल्मस से था, जो एक अंग्रेज लड़का था और प्रतिद्वंद्वी स्कूल से था। अत: उसके कंधों पर उसके सहपाठियों एवं शिक्षकों की आशाओं का

भारी बोझ था। पहले कुछ राउंड्स में तो उसे अपने प्रतिद्वंद्वियों के हाथों कुछ बड़े प्रहारों का सामना करना पड़ा, जिन्होंने उत्कृष्ट शैली में मुक्केबाजी की। लेकिन बाद में उसने विंग चुन तकनीकों का प्रयोग करते हुए अपने विरोधी के अन्य मुक्कों को रोकने में सफलता पाई और फिर उन्हीं तकनीकों का सहारा लेकर उसने अपने विरोधी को तीसरे राउंड के अंत में पछाड़ दिया।

उसके जीवन में चैंपियनशिप और बाजारू लड़ाइयों का सिलसिला साथ-साथ चलता रहा। पुलिस स्टेशन के दौरों में और भी इजाफा हुआ। पढ़ाई पर उसका नाममात्र ध्यान रहता था। बस, किसी तरह खींच ले जाता था। अकसर वह दूसरे विद्यार्थियों से जबरन अपना होमवर्क करा लेता था। उसकी माँ अपने पुत्र के भविष्य को लेकर चिंतित रहने लगी। तब परिवार ने उसे घर से दूर अमेरिका भेजने का निर्णय किया। ब्रूस ने अमेरिका जाकर बसने के विचार का विरोध किया; लेकिन जब माता-पिता ने बहुत जोर दिया तो वह मना नहीं कर सका। उसकी माँ को भरोसा था कि उसके बेटे को अमेरिका में ही एक सुरक्षित भविष्य मिल सकता है।

अकसर वह दूसरे विद्यार्थियों से जबरन अपना होमवर्क करा लेता था। उसकी माँ अपने पुत्र के भविष्य को लेकर चिंतित रहने लगी। तब परिवार ने उसे घर से दूर अमेरिका भेजने का निर्णय किया। ब्रूस ने अमेरिका जाकर बसने के विचार का विरोध किया; लेकिन जब माता-पिता ने बहुत जोर दिया तो वह मना नहीं कर सका। उसकी माँ को भरोसा था कि उसके बेटे को अमेरिका में ही एक सुरक्षित भविष्य मिल सकता है।

उसने विलियम चेयुंग के पुत्र हॉकिंस चेयुंग को अमेरिका जाने के अपने फैसले के बारे में बताया। उसने बताया कि उसका पिता उसे पसंद नहीं करता और उसका परिवार उसका आदर नहीं करता और यह कि उसे अपने लिए कुछ आदर-सम्मान अर्जित करना है। उसने यह भी कहा कि उसका परिवार चाहता है कि वह अमेरिका में जाकर एक दंत चिकित्सक बने; किंतु वह कुंग फू सिखाकर अपना जीवन-निर्वाह करना अधिक पसंद करेगा। इस पर

हाकिंस ने उसे याद दिलाया कि विंग चुन उसने दूसरे दर्जे तक ही सीखा है। युद्ध-कला के क्षेत्र में दिखाऊ अथवा प्रदर्शनीय चेष्टाओं के रूप में भी बहुत कुछ है, जिसका ज्ञान उसके पास नहीं है। ब्रूस को उसकी बात एकदम ठीक लगी और उसने अमेरिका जाने से पहले अपने शस्त्रागार में कुछ 'दिखाऊ क्रियाएँ' जोड़ने का निर्णय किया। तब उसने एक आदमी को खोज निकाला, जिसे लोग 'अंकल सिउ' के नाम से जानते थे और जो कुंग फू की उत्तरी शैली सिखाता था। दोनों में एक सौदा हुआ। अंकल सिउ उसे कुंग फू की दो शैलियाँ सिखाएँगे और वह अंकल सिउ को नृत्य की शिक्षा देगा। अंकल सिउ यह देखकर हैरान रह गए कि ब्रूस ने उन चालों को सिर्फ तीन दिनों में सीख लिया, जबकि कम-से-कम तीन सप्ताह लगने चाहिए थे। इस समय तक अंकल सिउ केवल बुनियादी चा चा पद-चालन ही सीख पाए थे।

अमेरिका जाने के लिए उसे स्थानीय पुलिस से स्वीकृति प्राप्त करना आवश्यक था। लेकिन ब्रूस ने अपना और हॉकिंस का नाम संदिग्ध अपराधियों की सूची में पाया। देश छोड़ने के उद्‌देश्य से उसे अपना नाम उस सूची से निकलवाना था। उसने सूची से नाम हटाने के लिए प्रयास किए, लेकिन विफलता ही हाथ लगी। कुछ दिनों बाद विलियम चेयुंग ने पुलिस अधिकारियों को घूस देकर अपने पुत्र का नाम और ब्रूस का नाम उस सूची से हटवाया, ताकि उसका पुत्र ऑस्ट्रेलिया जा सके और ब्रूस अमेरिका जा सके।

ब्रूस और यूनीकॉर्न बचपन से लेकर युवावस्था तक मित्र बने रहे। दोनों ने बचपन के दौरान फिल्मों में काम किया था। यूनीकॉर्न अब फिल्म उद्योग में एक अभिनेता के रूप में काम कर रहा था। जिस निर्माता ने अपनी अगली फिल्म के लिए उसे साइन किया था, उसने ब्रूस को भी उस फिल्म में एक रोल देने का प्रस्ताव किया। ब्रूस ने जब वहीं रहते हुए फिल्म उद्योग में काम मिलने की संभावना के बारे में अपने माता-पिता से विचार-विमर्श किया तो उन्होंने बहुत नाराजगी जाहिर की। उसके माता-पिता आश्वस्त थे

कि उनके पुत्र का भविष्य अमेरिका में ही बनने वाला है। उसे भारी दिल से उस प्रस्ताव को अस्वीकार करना पड़ा।

अमेरिका जाने के लिए उसे स्थानीय पुलिस से स्वीकृति प्राप्त करना आवश्यक था। लेकिन ब्रूस ने अपना और हॉकिंस का नाम संदिग्ध अपराधियों की सूची में पाया। देश छोड़ने के उद्‌देश्य से उसे अपना नाम उस सूची से निकलवाना था। उसने सूची से नाम हटाने के लिए प्रयास किए, लेकिन विफलता ही हाथ लगी। कुछ दिनों बाद विलियम चेयुंग ने पुलिस अधिकारियों को घूस देकर अपने पुत्र का नाम और ब्रूस का नाम उस सूची से हटवाया, ताकि उसका पुत्र ऑस्ट्रेलिया जा सके और ब्रूस अमेरिका जा सके।

ब्रूस सन् 1958 तक क्राउन कॉलोनी चा चा चैंपियनशिप जीतने की खातिर काफी लंबे समय तक देश में ही रुका रहा। बाद में अगले वर्ष उसने अमेरिका के लिए प्रस्थान करने से पहले अपने मित्र यूनीकॉर्न को गुड बाय (विदा) कहा। उसकी माँ ने करीब 100 डॉलर उसके हाथों में सरका दिए और इनके अलावा 15 डॉलर उसके पिता ने भी दिए। फिर उसने अपने परिवार के सदस्यों से विदा ली और 9 अप्रैल को तीन सप्ताह की जहाजी यात्रा पर निकल पड़ा प्रशांत महासागर के रास्ते सैन फ्रांसिस्को, अमेरिका के लिए। हालाँकि उसके पास तीसरी श्रेणी का टिकट था, फिर भी वह उच्चतम प्रथम श्रेणी में सोया, क्योंकि पूरी यात्रा में वह प्रथम श्रेणी के यात्रियों को नृत्य सिखलाता रहा। पूरे सफर के दौरान एक ही बात उसके मन को कोंच रही थी कि 115 डॉलर की राशि चुक जाने के बाद वह क्या करेगा?

□

अंकल सैम के घर शरण पाना

अपने जन्म-स्थान सैन फ्रांसिस्को की धरती पर ब्रूस ने अठारह वर्ष बाद कदम रखा। वहाँ उसने अपने पिता के मित्र के यहाँ आश्रय लिया और फिर जीवन-निर्वाह के लिए साधनों की खोज में जुट गया। उसने स्थानीय नाट्य क्लब में नृत्य कक्षाएँ लेनी शुरू कर दीं, जिससे उसे सप्ताह भर का काम चलाने लायक थोड़ा जेब-खर्च मिल जाता था। उस क्लब में वह कभी-कभी बिना तैयारी के कुंग फू का प्रदर्शन भी दे दिया करता।

वहाँ अनेक लोग उसका प्रदर्शन देखकर चकित रह गए। उनमें से एक व्यक्ति स्थानीय कराटे स्कूल के मालिक का छोटा भाई भी था। लेकिन ब्रूस को सैन फ्रांसिस्को में अर्जित अपनी नई शोहरत से गद्गद होने के लिए ज्यादा समय बिताने का अवसर नहीं मिला। उसे कुछ ही समय के उपरांत अपनी माँ से एक पत्र प्राप्त हुआ। उसकी माँ ने लिखा था कि वह अपने पिता के एक दोस्त चॉउ पिंग के घर सिएटल चला जाए।

सैन फ्रांसिस्को में बिताए अंतिम दिनों के दौरान उसकी भेंट अपने भाई पीटर से हुई, जो यूनिवर्सिटी ऑफ विस्कॉन्सन में प्रवेश लेने जा रहा था। पीटर ने अपने भाई को नींद में कभी-कभी लतियाते, मुक्का चलाते और बक-बक करते हुए देखा। उसका अंतर्द्वंद्व प्राय: उसकी निद्रा के दौरान उस पर हावी हो जाता था। पीटर के यूनिवर्सिटी ऑफ विस्कॉन्सन चले जाने के कुछ ही समय बाद ब्रूस भी सिएटल में चाउ पिंग के घर के लिए रवाना हो गया।

चाउ पिंग इससे पहले हांगकांग में ब्रूस के पिता के साथ कैंटोनीज

ऑपेरा कंपनी में काम कर चुका था। कोई बीमारी लग जाने के कारण उसे बाध्य होकर उस समय न्यूयॉर्क में ही रुकना पड़ा। जब सन् 1949 में अमेरिका दूसरे विश्व युद्ध में शामिल हो गया था, स्थानीय अस्पताल में रहने के दौरान ही उसे अपनी नर्स रूबी चाउ के चेहरे में अपना भविष्य नजर आया। वे दोनों विवाह के पश्चात् सिएटल चले गए।

आस-पड़ोस में रूबी चाउ का उपनाम 'आयरन लेडी' पड़ गया था। उसे यह खिताब अपने तथा परिवार के लिए एक अच्छा जीवन पाने के लिए समाज एवं रीति-रिवाजों के विरुद्ध वर्षों के संघर्ष के बाद मिला था। वह ऐसा जीवन चाहती थी, जिसे वह अपनी शर्तों पर जी सके। वह जीवन में अपनी दिलेर पसंद के लिए प्रसिद्ध थी। उसने अपने पहले पति को तलाक देने के बाद चाउ पिंग से विवाह किया, हालाँकि यह समुदाय या समाज की प्रथाओं के विरुद्ध था। फिर उसने सिएटल के चाइना टाउन के बाहर पहला चाइनीज रेस्तराँ खोला। उसकी इस पहल को भी समुदाय ने ठीक नहीं माना। लेकिन बहुत जल्द रेस्तराँ नगर के ऊपरी क्षेत्र में खूब मशहूर हो गया। वह चीन और हांगकांग से आए प्रवासियों की अकसर मदद करने लगी। वह उन्हें ठहरने की जगह देती, उनके कागजात दुरुस्त कराने आदि में सहायता कर दिया करती और बदले में उनसे अपेक्षा करती कि वे उसके रेस्तराँ में मुफ्त काम करें। उसके लिए ब्रूस भी दूसरे आप्रवासियों से अलग नहीं था; जबकि वह अपने अंकल चाउ पिंग के घर में मेहमान की तरह रहने की आशा कर रहा था।

आस-पड़ोस में रूबी चाउ का उपनाम 'आयरन लेडी' पड़ गया था। उसे यह खिताब अपने तथा परिवार के लिए एक अच्छा जीवन पाने के लिए समाज एवं रीति-रिवाजों के विरुद्ध वर्षों के संघर्ष के बाद मिला था। वह ऐसा जीवन चाहती थी, जिसे वह अपनी शर्तों पर जी सके। वह जीवन में अपनी दिलेर पसंद के लिए प्रसिद्ध थी। उसने अपने पहले पति को तलाक देने के बाद चाउ पिंग से विवाह किया, हालाँकि यह समुदाय या समाज की प्रथाओं के विरुद्ध था।

वास्तविकता से सामना होने पर पहले कुछ दिन तो वह सकते में रहा और स्थिति से समझौता करना एक बड़ी कठिनाई लगने लगी। जिंदगी में पहली बार उसने अपना नाम कार्य-सूची में पाया। उसे दूसरे कामगारों की तरह एक अँधेरी कोठरी दी गई और रेस्तराँ में उसे एक वेटर का काम सौंपा गया। लेकिन वहाँ भी ग्राहकों एवं साथी कामगारों के साथ उसका लड़ाई-झगड़ा होने लगा। रूबी चाउ के साथ भी उसकी ठीक से नहीं बनती थी।

दोनों का आपस में बहुत बार टकराव हो जाता था। वे एक-दूसरे पर अपमान व शोषण करने का आरोप लगाते थे। लेकिन दोनों में से कोई भी छोड़ देने के लिए तैयार नहीं था। ऐसा लगता था, मानो दोनों आईने में एक-दूसरे का प्रतिबिंब देख रहे हों।

वह दिन में पढ़ाई करता और रात में काम करता था। उसकी माँ कभी-कभी उसे कुछ पैसे भेज देती थी। इसके अलावा, वह अखबारों में इश्तिहार डालने का अंशकालिक काम भी करने लगा था। इस प्रकार, काफी पैसा बचाने के बाद उसने एडिसन टेक्निकल हाई स्कूल में अपना नाम दर्ज करवा लिया। यह उन दिनों की बात है, जब अमेरिका में शिक्षा का खर्च सरकार उठाती थी।

वास्तविकता से सामना होने पर पहले कुछ दिन तो वह सकते में रहा और स्थिति से समझौता करना एक बड़ी कठिनाई लगने लगी। जिंदगी में पहली बार उसने अपना नाम कार्य-सूची में पाया। उसे दूसरे कामगारों की तरह एक अँधेरी कोठरी दी गई और रेस्तराँ में उसे एक वेटर का काम सौंपा गया। लेकिन वहाँ भी ग्राहकों एवं साथी कामगारों के साथ उसका लड़ाई-झगड़ा होने लगा। रूबी चाउ के साथ भी उसकी ठीक से नहीं बनती थी।

जीवन में सब तरह की अस्त-व्यस्तता और संघर्ष के बीच उसने विंग चुन का अभ्यास करना नहीं छोड़ा। उसने हांगकांग से जहाज के जरिए अपने लिए लड़ाई का एक दिखावटी विंग चुन मँगवा लिया। सन् 1960 में जब सिएटल ने वार्षिक 'एशियन कल्चर डे', अर्थात् 'एशियाई संस्कृति दिवस' का आयोजन किया, तब एडिसन कॉलेज ने ब्रूस ली को कॉलेज की तरफ से

एक कुंग फू प्रदर्शन करने के लिए कहा। दर्शकों की भीड़ में यू.एस. एयर फोर्स का एक भूतपूर्व हैवीवेट बॉक्सिंग चैंपियन और एक बाजारू लड़ाका जेम्स डेमाइल भी बैठा हुआ था। ब्रूस ने प्रदर्शन आरंभ करने से पहले दर्शकों से बातचीत करते हुए कहा कि वह आज चीन की संस्कृति का बहुत समय से छिपाकर रखा गया रहस्य उनके सामने खोलने जा रहा है। फिर उसने सीधे डेमाइल की ओर देखकर कहा, ''आपको देखने से लगता है कि आप द्वंद्व युद्ध कर सकते हैं। क्या आप यहाँ स्टेज पर आना चाहेंगे?''

डेमाइल ने ब्रूस को नजर भरकर देखा। वह 5 फीट 7 इंच से कम ऊँचे कद और 140 पौंड वजन के अपने प्रतियोगी पर मुसकराया। फिर ब्रूस ने उसे प्रहार करने का न्योता दिया। उसके जबड़े पर एक तगड़ा घूँसा जड़ने के इरादे से डेमाइल ब्रूस की तरफ बढ़ा। उसे बड़ा अचंभा हुआ, जब ब्रूस ने उसके वार को आसानी से अपनी कलाई से रोककर अपना बचाव कर लिया। फिर डेमाइल ने अपने कई दूसरे दाँव आजमाए, लेकिन ब्रूस हर बार खुद को बचा गया। फिर जब वह थका और लाचार स्थिति में उसके सामने खड़ा था, उसने अपनी कलाई को बड़ी तीव्रता से एक असाधारण ढंग से ऐसे चलाया कि डेमाइल के चेहरे पर ही जाकर रुके। लड़ाई के अंत में जब दर्शकों की भीड़ ब्रूस की वाहवाही कर रही थी, डेमाइल ने ब्रूस से कहा कि वह अपनी कुछ चालें उसे भी सिखा दे। उस समय अफ्रीकी-अमेरिकन जूडो-प्रेमी जेस्से ग्लोवर भी भीड़ में बैठा हुआ था। ब्रूस के प्रदर्शन ने उसे अत्यधिक विस्मित कर

डेमाइल ने ब्रूस को नजर भरकर देखा। वह 5 फीट 7 इंच से कम ऊँचे कद और 140 पौंड वजन के अपने प्रतियोगी पर मुसकराया। फिर ब्रूस ने उसे प्रहार करने का न्योता दिया। उसके जबड़े पर एक तगड़ा घूँसा जड़ने के इरादे से डेमाइल ब्रूस की तरफ बढ़ा। उसे बड़ा अचंभा हुआ, जब ब्रूस ने उसके वार को आसानी से अपनी कलाई से रोककर अपना बचाव कर लिया। फिर डेमाइल ने अपने कई दूसरे दाँव आजमाए, लेकिन ब्रूस हर बार खुद को बचा गया।

दिया और उसे यह जानकर बहुत खुशी हुई कि ब्रूस भी उसी कॉलेज में पढ़ा है, जिसमें वह खुद पढ़ चुका है।

जल्द ही ब्रूस ने पड़ोस में कुंग फू सिखाना शुरू कर दिया। उसके शिष्यों में बहुत से जूडो छात्र थे और दोगुनी उम्र के लोग डेमाइल एवं जेस्से ग्लोवर। कक्षाएँ किसी पिछले अहाते या किसी गैराज में लगती थीं। बाद में ब्रूस ने रेस्तराँ में अपना काम खत्म करने के बाद रूबी चाउ के पार्किंग स्थल में कक्षाएँ लेनी शुरू कर दीं।

डेमाइल की मित्रता तकौकी किमूरा नाम के जापानी-अमेरिकी से थी, जो शहर में एक सुपर मार्केट का मालिक था। तकौकी दूसरे विश्व युद्ध के दौरान अमेरिका चला आया था। पीछे उसने किसी जूडो मास्टर से प्रशिक्षण प्राप्त किया था। यह सोचकर कि वह शहर में मौजूद नए कराटे बालक से अवश्य ही मिलना चाहेगा, डेमाइल ने उसे ब्रूस की कक्षाओं में आने का निमंत्रण दिया।

डेमाइल की मित्रता तकौकी किमूरा नाम के जापानी-अमेरिकी से थी, जो शहर में एक सुपर मार्केट का मालिक था। तकौकी दूसरे विश्व युद्ध के दौरान अमेरिका चला आया था। पीछे उसने किसी जूडो मास्टर से प्रशिक्षण प्राप्त किया था। यह सोचकर कि वह शहर में मौजूद नए कराटे बालक से अवश्य ही मिलना चाहेगा, डेमाइल ने उसे ब्रूस की कक्षाओं में आने का निमंत्रण दिया। शुरू-शुरू में प्रस्ताव को अपने किसी काम का न पाकर किमूरा ने वहाँ जाने से खुद को रोका; लेकिन डेमाइल द्वारा लगातार आग्रह किए जाने के फलस्वरूप उसने एक बार आने की बात मान ली और जब आया तो ब्रूस की जन्मजात प्रवृत्ति, आंतरिक प्रेरणा एवं तकनीकों ने उसे सम्मोहित कर दिया। उसकी चेष्टाओं की तीव्रता से अधिक उस पर इस बात का प्रभाव पड़ा कि ब्रूस ने प्रशिक्षण सत्र के बीच में ताओ और कन्फ्यूशियस के दर्शन-शास्त्र को उड़ेल देने की अपनी योग्यता का परिचय दिया। इसके बाद वह ब्रूस की कक्षाओं में आने के लालच को रोक नहीं सका।

आरंभ में तकूकी ने कक्षाओं से अलग उसके और अपने बीच बुनियादी तौर पर कुछ भी सामान्य नहीं पाया। लेकिन ब्रूस लगातार इस कोशिश में लगा रहा कि वह उसके साथ और अधिक समय व्यतीत करे। आखिरकार, वे दोनों एक ही महाद्वीप से संबंध रखते थे। बातचीत का सिलसिला आरंभ करने की खातिर कई दिनों के कठिन प्रयासों के बाद ब्रूस की कोशिश रंग लाई और फिर दोनों ने कक्षाओं के उपरांत रोजाना आपस में बातचीत करना आरंभ कर दिया। ब्रूस के साथ बातचीत और विचार-विमर्श के फलस्वरूप तकूकी को बहुत राहत महसूस हुई, जो अधेड़ावस्था के किसी संकट का सामना कर रहा था। ब्रूस ने उसे एक इनसान और जापानी आप्रवासी के रूप में अपने आत्म-महत्त्व का एहसास कराया।

ब्रूस को ऐमी सैन्बो नाम की एक प्रेमिका मिल गई, जो मूलतः जापानी थी। वे दोनों जब भी मिलते, अपनी भावी योजनाओं, जीवन में अपने लक्ष्यों और अपने-अपने देश में बिताई जिंदगी के बारे में घंटों बातें करते रहते। वह ब्रूस में अपनी कला के प्रति दृढ़ संकल्प और पूर्ण समर्पण एवं निष्ठा जैसे गुणों की सराहना करती थी। लेकिन उसे यह समझने में अधिक समय नहीं लगा कि जीवन के बारे में उसकी सोच, उसका नजरिया अपरिपक्व एवं अधकचरा है।

ब्रूस को ऐमी सैन्बो नाम की एक प्रेमिका मिल गई, जो मूलतः जापानी थी। वे दोनों जब भी मिलते, अपनी भावी योजनाओं, जीवन में अपने लक्ष्यों और अपने-अपने देश में बिताई जिंदगी के बारे में घंटों बातें करते रहते। वह ब्रूस में अपनी कला के प्रति दृढ़ संकल्प और पूर्ण समर्पण एवं निष्ठा जैसे गुणों की सराहना करती थी। लेकिन उसे यह समझने में अधिक समय नहीं लगा कि जीवन के बारे में उसकी सोच, उसका नजरिया अपरिपक्व एवं अधकचरा है। वह अपनी कक्षाओं में कुंग फू और जीवन में अपने लक्ष्यों के बारे में लंबी-लंबी हाँकता रहता, जब तक वह सुनती रहती। जबकि उसकी बात पर वह कभी ध्यान नहीं देता था। वह कभी-कभी उस पर दिखावा करने का आरोप लगाती तो

वह ताओवाद और कन्फ्यूशियसवाद से प्रायः उद्धरण देने लगता। वह एक लेखक बनना चाहती थी। लेकिन ब्रूस कहता कि उसने बेकार व्यवसाय चुना है। इससे तो बेहतर होगा कि वह (ऐमी) उसे उसके लक्ष्य तक पहुँचाने में मददगार बने।

उसके अनेक घनिष्ठ जानकार उसे पक्का व उत्कृट देश-प्रेमी कहते थे। कभी-कभी तो वह दूसरों के लिए जरा सा भी दया-भाव नहीं दिखलाता था। वह अकसर दलील देता कि अगर वह खुद गरीबी से निकलने का रास्ता खोज सकता है तो दूसरे लोग ऐसा क्यों नहीं कर सकते। अपनी कक्षाओं में भी वह अपने निष्ठुर व्यवहार को परे रखकर नहीं आता था। वह अपनी किसी भी चाल को दो बार से अधिक नहीं दिखाता था और अपने छात्रों से कभी इतना भी पूछने की परवाह नहीं करता था कि उसने जो दिखाया या बताया, वह उनकी पकड़ में आया या नहीं। जैसा कि हर कक्षा में हमेशा पाया जाता है कि वहाँ भी एक विद्यार्थी, जिसकी समझ में ही नहीं आता था कि उसका मास्टर क्या सिखाने का प्रयास कर रहा है, वह था उसका घनिष्ठ मित्र तकूकी किमूरा। पुनः प्रदर्शित करने के लिए बार-बार निवेदन के बावजूद ब्रूस ने कभी उनकी बात नहीं सुनी। कई प्रयासों के बाद थक चुके और निराश किमूरा ने कक्षा को छोड़ने का फैसला कर लिया।

उसके अनेक घनिष्ठ जानकार उसे पक्का व उत्कृट देश-प्रेमी कहते थे। कभी-कभी तो वह दूसरों के लिए जरा सा भी दया-भाव नहीं दिखलाता था। वह अकसर दलील देता कि अगर वह खुद गरीबी से निकलने का रास्ता खोज सकता है तो दूसरे लोग ऐसा क्यों नहीं कर सकते। अपनी कक्षाओं में भी वह अपने निष्ठुर व्यवहार को परे रखकर नहीं आता था।

उसके इस फैसले पर ब्रूस ने जवाब दिया, ''आपके अंदर क्षमता है, लेकिन आप उसे पहचानने से इनकार करते हैं।'' इन शब्दों ने उसके अंदर ऊर्जा की एक नई लहर दौड़ा दी। उसने निश्चय कर लिया कि वह एक और प्रयास करेगा। पहले से कहीं अधिक कठोर अभ्यास करते-करते उसे

यह समझने में ज्यादा समय नहीं लगा कि ब्रूस उसे अपना सहायक बनाने के लिए सिखा रहा है।

अपनी कक्षाओं का प्रचार करने के उद्देश्य से कुछ समय अपने छात्रों के साथ अभ्यास करने के बाद ब्रूस स्थानीय टी.वी. चैनलों पर अपनी कला का प्रदर्शन करने लगा। इन प्रदर्शनों के दौरान वह पूरी तैयारी करके रखता था; लेकिन उसे बड़ा आश्चर्य होता, जब कोई भी काम उस तरह नहीं हो पाता था, जिस तरह की योजना वह बनाता था। उसके छात्र कुछ-न-कुछ गड़बड़ जरूर कर बैठते, जिसके परिणाम उन्हें कार्यक्रम के पश्चात् भुगतने पड़ते थे।

अपनी कक्षाओं का प्रचार करने के उद्देश्य से कुछ समय अपने छात्रों के साथ अभ्यास करने के बाद ब्रूस स्थानीय टी.वी. चैनलों पर अपनी कला का प्रदर्शन करने लगा। इन प्रदर्शनों के दौरान वह पूरी तैयारी करके रखता था; लेकिन उसे बड़ा आश्चर्य होता, जब कोई भी काम उस तरह नहीं हो पाता था, जिस तरह की योजना वह बनाता था। उसके छात्र कुछ-न-कुछ गड़बड़ जरूर कर बैठते, जिसके परिणाम उन्हें कार्यक्रम के पश्चात् भुगतने पड़ते थे।

वह अपने शिष्यों का उत्साह एवं मनोबल बढ़ाने के लिए अकसर एक वृद्ध महिला की कहानी सुनाता था। उस कहानी में एक दिन उस वृद्ध महिला के घर में आग लग जाती है। उस घर में एक पुराना पियानो था, जो उसके लिए सबसे मूल्यवान् वस्तु थी। अतः घर में आग लग जाने पर वह सबसे पहले उस पियानो को उठाकर एक सुरक्षित जगह ले गई। जब आग बुझा दी गई तो उस पियानो को वापस पहलेवाली जगह पहुँचाने में चार हट्टे-कट्टे जवान लोगों को मशक्कत करनी पड़ी। इस कहानी से यह भी स्पष्ट होता है कि उसकी शक्ति का स्रोत उसकी मांसपेशियों में नहीं, बल्कि उसके हृदय के अंदर कहीं था। यह उसकी अंदरूनी शक्ति ही थी, जिसने उसे लंबे-से-लंबे और तगड़े-से-तगड़े प्रतिद्वंद्वियों को एक ही पदाघात (एक ही ठोकर) में धूल चटाने योग्य बनाया।

ब्रूस जैसा बचपन में किया करता था, उसी प्रकार अपने वयस्क

जीवन में भी वह अपने मित्रों से शरारत किया करता था। उसने अपने लिए रंगीन लेंसों के भिन्न-भिन्न जोड़े खरीदे। वह एक ऐसा चश्मा पहना करता था, जिसके शीशों में रक्त वाहिनियाँ होने जैसा प्रभाव था। उन चश्मों को पहनकर वह किसी रेस्तराँ में बैठ जाता और खाने में चाइनीज मँगवाता। इस बीच उसके दोस्तों में से कोई एक उसका दुभाषिया बनने का नाटक करता। कभी-कभी इस मक्कारी से अनेक वेटर इतना डर जाते, जैसे उन्होंने कोई भूत देख लिया हो।

ब्रूस ली ने अपने अंदर अपने कई रूप छिपाए हुए थे। कभी वह दूसरों से छेड़छाड़, चुहुलबाजी कर रहा होता और कभी अपने दोस्तों पर ताओवाद व कन्फ्यूशियसवाद संबंधी भाषण झाड़ रहा होता था। वह स्थिति और व्यक्ति को देखकर अपना व्यक्तित्व बदल लेता था। विभिन्न शख्सियतों के बीच अपनी जगह बना लेना और स्थिति के अनुसार रंग बदलना उसे बखूबी आता था और यही उसकी सबसे बड़ी योग्यता मानी जाती थी।

ब्रूस ली ने अपने अंदर अपने कई रूप छिपाए हुए थे। कभी वह दूसरों से छेड़छाड़, चुहुलबाजी कर रहा होता और कभी अपने दोस्तों पर ताओवाद व कन्फ्यूशियसवाद संबंधी भाषण झाड़ रहा होता था। वह स्थिति और व्यक्ति को देखकर अपना व्यक्तित्व बदल लेता था। विभिन्न शख्सियतों के बीच अपनी जगह बना लेना और स्थिति के अनुसार रंग बदलना उसे बखूबी आता था और यही उसकी सबसे बड़ी योग्यता मानी जाती थी।

बाद में उसने फिल्मों में जिस प्रकार के पात्र निभाए, बिल्कुल उसी तरह वह ताकतवर द्वारा कमजोर या दुर्बल को परेशान किए जाने का कट्टर विरोधी था। अपनी आँखों के सामने हो रहे ऐसे अन्यायों के विरुद्ध वह हमेशा पीड़ित के समर्थन में खड़ा हो जाता था। ऐसी ही एक घटना का उदाहरण है कि जब वह और उसके मित्र चाइना टाउन में सड़क पर सैर करने निकले थे, उन्होंने देखा कि एक कार में कुछ लोग एक लड़की को

परेशान कर रहे हैं। ब्रूस ने उन लोगों के पास जाकर लड़की को परेशान करना बंद करने के लिए कहा। जैसे ही उनमें से एक लड़के ने होशियारी दिखाने की कोशिश की, ब्रूस ने उसके मुँह पर एक तगड़ा घूँसा जड़ दिया। उसने इस बात को जानने-समझने की कतई चेष्टा नहीं की कि उसकी अंदरूनी शक्ति, जो उसे नई ऊँचाइयों तक ले जाने वाली है, का एक बुरा पहलू भी है। उसने कभी अपनी उस शक्ति को वशीभूत करने, उसे समझने या उसे महसूस करने तक की कोशिश नहीं की।

□

आंतरिक द्वंद्व

ब्रूस ने अपने जीवन में कई लड़ाइयाँ लड़ी थीं, परंतु उसकी सबसे बड़ी लड़ाई अपने आप से थी। जैसा कि पहले कहा जा चुका है, वह बहुत छोटी उम्र से निदाचारी था। उसने अनेक रातें अपने सपनों में पद-प्रहार करते और खुद से बातें करते हुए बिताईं। उसके अंदर असीम व अथाह ऊर्जा भरी हुई थी, जो कभी-कभी उसके लिए सबसे बड़ा वरदान साबित होती और कभी जीवन में उसकी सबसे बड़ी विपत्ति।

लोक-संस्कृति में उसके जीवन की जिन घटनाओं को सर्वथा गलत समझा गया और गलत ढंग से प्रस्तुत किया गया, उनमें से एक वह घटना है, जब चाउ के यहाँ रहते हुए एक बार उसने अपने सपनों में किसी ताकत के साथ कई मिनट तक युद्ध किया। बहुत लोगों ने उस घटना को हस्त-कौशल, पैशाचिक शक्तियों, दृष्टिभ्रम इत्यादि के साथ जोड़ा। लेकिन उपर्युक्त में से कोई भी स्पष्टीकरण या कैफियत उसके जीवन में घटी इस घटना की प्रचंडता को पूरी तरह समझ नहीं सकी; क्योंकि इस प्रसंग के बाद ब्रूस ली का एक पूर्णतया परिवर्तित रूप दुनिया के सामने आया। एक कैफियत यह है कि संदर्भित घटना उसका अपने अंदर के बुरे पहलू के साथ एक टकराव था। उस दिन वह जिससे लड़ने का प्रयास कर रहा था, वह और कुछ नहीं, बल्कि अपने आपसे, अपनी अंध देशभक्ति, अपने आक्रोश और अपनी आवेगशीलता या मनस्तरंग के साथ संघर्ष था।

उस घटना के कुछ माह बाद उसने स्कूल की पढ़ाई इतने अंकों से

पूरी कर ली कि उसे सिएटल स्थित वाशिंगटन यूनिवर्सिटी में दाखिला मिल सके। उसने मार्च 1961 में कॉलेज जाना शुरू कर दिया। यूनिवर्सिटी में उसकी पहली पसंद के विषय अंग्रेजी, जिम्नास्टिक्स और कुश्ती थे, जिन्हें सीखने से उसे खुशी मिलती थी। लेकिन बाद में अपने कॅरियर (अपनी जीविका) को ध्यान में रखते हुए उसने थिएटर और वाणी सुधार कक्षाओं को चुना। यूनिवर्सिटी में बाद के वर्षों में उसने सामाजिक नृत्य, चीनी दर्शन-शास्त्र, चित्रकारी, रचना, चीनी भाषा, सामान्य मनोविज्ञान, सामंजस्य संबंधी मनोविज्ञान, व्यक्तिगत स्वास्थ्य और नेतृत्व जैसे पाठ्यक्रमों में भी हिस्सा लिया। उसने महसूस किया कि उसके अंदर महत्त्वाकांक्षाएँ भरी पड़ी हैं और अपने नए लक्ष्यों को पाने तथा महत्त्वाकांक्षाओं को पूरा करने की ऊर्जा भी साथ में उतना ही वेग दिखला रही है। सपनों के देश में अपनी आकांक्षाओं के पीछे भागते-भागते उसे प्राय: घर की याद आने लगती, जो एक ऐसी अनुभूति थी, जिसने उसे हांगकांग में अपने जीवन के बारे में लिखने के लिए प्रोत्साहित किया।

उस घटना के कुछ माह बाद उसने स्कूल की पढ़ाई इतने अंकों से पूरी कर ली कि उसे सिएटल स्थित वाशिंगटन यूनिवर्सिटी में दाखिला मिल सके। उसने मार्च 1961 में कॉलेज जाना शुरू कर दिया। यूनिवर्सिटी में उसकी पहली पसंद के विषय अंग्रेजी, जिम्नास्टिक्स और कुश्ती थे, जिन्हें सीखने से उसे खुशी मिलती थी। लेकिन बाद में अपने कॅरियर (अपनी जीविका) को ध्यान में रखते हुए उसने थिएटर और वाणी सुधार कक्षाओं को चुना।

दिन गुजरने के साथ-साथ कक्षाओं में उसकी उपस्थिति बढ़ने लगी। लेकिन उसकी योजनाएँ कुछ और थीं। अपनी कक्षाओं के दौरान वह सिखाने के बजाय सीखने की वृत्ति में अधिक रहता था। उसने विविध प्रयोग किए और अपने शिष्यों पर नई-नई चालों को आजमाया। अब चूँकि वह बड़े-बड़े सार्वजनिक प्रदर्शन करने लगा था, अत: किसी से भी पराजित होने का कोई जोखिम नहीं उठा सकता था, क्योंकि इससे उसकी प्रतिष्ठा को गहरी ठेस

लगने का खतरा था। वह एक यात्रा पत्र निकालने वाला था, जो उसे ऐसी-ऐसी जगह ले जाने वाली थी, जहाँ उसकी भेंट अपने से आकार में काफी बड़े और ज्यादा ताकतवर योद्धाओं से होनी थी। उसे सिर्फ अपनी तकनीक का सहारा था, जो उसे शिखर पर बनाए रख सकती थी।

हार का उसका भय कभी सच नहीं निकला और इसके अलावा भी कई ऐसे कारण उसका साथ दे रहे थे, जो हमेशा यह चाहते थे कि वह अपने पूरे जीवन में सदैव सबसे श्रेष्ठ और अज्ञेय बना रहे। उसकी पहली और प्रमुख योग्यता यह थी कि वह कठिन-से-कठिन चेष्टाओं या सिद्धांतों को विरचित कर अधिक सरल व संक्षिप्त रूपों में ढाल सकता था। उसकी दूसरी योग्यता यह थी कि वह काफी बड़ी जानकारी को कम-से-कम समय के अंदर ग्रहण कर याद रख सकता था और संसाधित कर सकता था। इनके अलावा, तीसरी विशेषता के रूप में उसके अंदर उच्च स्तर की प्रेरणा-शक्ति थी। उसकी यह प्रेरणा ही भिन्न-भिन्न प्रकार की शैलियों को जानने की उसकी चाह को जीवित रखे हुए थी, जिनकी खोज में उसने कैलिफोर्निया और कनाडा में सर्वत्र भ्रमण किया। वह कुंग फू के विभिन्न गुरुओं से मिला और उनकी शैलियों के बारे में जाना-समझा। भिन्न-भिन्न शैलियों तथा उन शैलियों के विशेषज्ञों से प्राप्त अनुभव से वह समझ सका कि समस्त महाद्वीप में सिखाई जा रही शैलियाँ कितनी बेअसर हैं। प्रत्येक शैली में बार-बार पाई गई एक समस्या यह थी कि उन शैलियों को मिटने से बचाए रखनेवाले समय के साथ-साथ उनको विकसित नहीं कर सके। उसने पाया कि उनमें से अधिकतर शैलियाँ इतनी धीमी व सुस्त थीं कि असल

हार का उसका भय कभी सच नहीं निकला और इसके अलावा भी कई ऐसे कारण उसका साथ दे रहे थे, जो हमेशा यह चाहते थे कि वह अपने पूरे जीवन में सदैव सबसे श्रेष्ठ और अज्ञेय बना रहे। उसकी पहली और प्रमुख योग्यता यह थी कि वह कठिन-से-कठिन चेष्टाओं या सिद्धांतों को विरचित कर अधिक सरल व संक्षिप्त रूपों में ढाल सकता था।

जिंदगी में कारगर ढंग से उनका प्रयोग नहीं किया जा सकता था और यही कारण था कि उसने भिन्न-भिन्न शैलियों के बारे में जितना अधिक जाना, उन परंपरागत शैलियों तथा कुंग फू की विधियों के प्रति उसके मन में सम्मान कम होता चला गया और जहाँ भी उसे अवसर मिला, इस विषय में अपनी बात कहने से वह कभी पीछे नहीं हटा।

युद्ध करने की प्राचीन तकनीकों के संबंध में ब्रूस अपनी विरक्ति या घृणा व्यक्त करने में कोई संकोच नहीं करता था। उसका मानना था कि वे तकनीकें वास्तविक स्थितियों में काम आने योग्य नहीं हैं। एक बार ऐसा हुआ कि अपने एक प्रदर्शन के दौरान जब वह उस प्रकार की तकनीकों की अनुपयुक्तता के विषय में अपनी नाराजगी प्रकट कर रहा था, तभी एक जापानी ब्लैक बेल्ट कराटे विद्यार्थी उएची अपने प्रश्नों से लगातार उसे तंग किए ज़ा रहा था। ब्रूस की सदृशता और इस आश्वासन के बावजूद कि उसकी आलोचना का अभिप्राय किसी व्यक्ति विशेष से नहीं है और इसे युद्ध-कला की किसी एक विशेष शैली की निंदा के रूप में नहीं लिया जाना चाहिए, उएची की ओर से उसको परेशान किया जाना बंद नहीं हुआ। कुछ समय बाद ब्रूस का धैर्य जवाब दे गया और उसने उस जापानी लड़के को बाद में किसी समय हाथोंहाथ मुकाबला करने के लिए कहा। तारीख और स्थान तय हो गया। स्थानीय वाई.एम.सी.ए. के हैंडबॉल प्रांगण में दोनों का आमना-सामना हुआ। साथ में दर्शकों की कुछ भीड़ थी। जैसे ही रेफरी ने मुकाबला शुरू करने का संकेत दिया, जापानी ने कराटे की पुरातन मुद्रा में आगे कदम बढ़ाकर जमीन पर अपने पाँव मजबूती से जमाए और ब्रूस ने विंग

ब्रूस की सदृशता और इस आश्वासन के बावजूद कि उसकी आलोचना का अभिप्राय किसी व्यक्ति विशेष से नहीं है और इसे युद्ध-कला की किसी एक विशेष शैली की निंदा के रूप में नहीं लिया जाना चाहिए, उएची की ओर से उसको परेशान किया जाना बंद नहीं हुआ। कुछ समय बाद ब्रूस का धैर्य जवाब दे गया और उसने उस जापानी लड़के को बाद में किसी समय हाथोंहाथ मुकाबला करने के लिए कहा।

चुन शैली में खुद को सीध में कर लिया। जैसा कि दर्शकों को याद आता है, अपने पेट पर पहला आघात झेलने के बाद ब्रूस ने दस सेकंड से भी कम समय में लड़ाई खत्म कर दी। उसके एक ही प्रहार में उसका विरोधी ऐसा धराशायी हुआ कि मुकाबले के अंत में उठ नहीं पाया।

उसके कुछ ही शिष्यों में वैसी प्रतिभा और धैर्य था, जो उसके शिक्षण को कामयाब बनाने के लिए एक अनिवार्य शर्त थी। अन्य कुंग फू शिक्षकों के विपरीत वह कुंग फू में कोई 'क्रैश कोर्स' नहीं कराता था और न कोई आसान उपाय बतलाता था। उसकी पद्धतियों को सीखने के लिए उच्चतम दर्जे की निष्ठा, समर्पण और कड़े परिश्रम की आवश्यकता थी। यह एक ऐसी वचनबद्धता थी, जिसे गिने-चुने लोग ही निभाने का साहस कर सकते थे।

ब्रूस को न केवल युद्ध-कला की भिन्न-भिन्न चालें दिखलाकर प्रभावित करना आता था, बल्कि वह अपने शब्दों का जादू भी चलाना जानता था। गरमी की एक सुबह इक्कीस वर्षीय ब्रूस जब अपनी तत्कालीन प्रेमिका ऐमी सैन्बो के हाथ में हाथ डाले गारफील्ड हाई स्कूल में चीनी दर्शन-शास्त्र के एक अतिथि प्राध्यापक की हैसियत से पहुँचा, तो कुछ लोगों की नजरें उठना स्वाभाविक था। उनमें से एक थी सत्रह वर्षीया लिंडा इमेरी।

एलन जो अपने समय का एक प्रसिद्ध सामरिक कलाकार था, जब उसे इस उदीयमान युद्ध कला-प्रेमी ब्रूस ली के बारे में पता चला तो वह उसे और अच्छी तरह जानने की अपनी उत्सुकता को रोक नहीं सका। अतः वह ब्रूस को खोजता हुआ रूबी चाउ के रेस्तराँ आ पहुँचा। उस दिन उसने धैर्यपूर्वक प्रतीक्षा की। उससे भेंट होने तक वह खूब खाता-पीता रहा। अंततः जब दोनों की मुलाकात हुई, उसने अपनी कुछ चालें उसे दिखाईं। इस हांगकांग पर ब्रूस कुछ मुसकराया और फिर उसने उसकी चेष्टा को रोकने की तकनीकों से अवगत कराया। उसकी दक्षता से प्रभावित होकर एलन जो ने अंत में उससे कहा कि वह कुंग फू का अभ्यास करने की तकनीकों के बारे में उसे बताए। तब ब्रूस ने हांगकांग से मँगवाई लकड़ी की डमी उसे दिखाई,

जिस पर वह अपनी चालों का अभ्यास करता था और जिसे उसने बौद्ध साधु 'बोधिधर्म' का नाम दिया था।

ब्रूस को न केवल युद्ध-कला की भिन्न-भिन्न चालें दिखलाकर प्रभावित करना आता था, बल्कि वह अपने शब्दों का जादू भी चलाना जानता था। गरमी की एक सुबह इक्कीस वर्षीय ब्रूस जब अपनी तत्कालीन प्रेमिका ऐमी सैन्बो के हाथ में हाथ डाले गारफील्ड हाई स्कूल में चीनी दर्शन-शास्त्र के एक अतिथि प्राध्यापक की हैसियत से पहुँचा तो कुछ लोगों की नजरें उठना स्वाभाविक था। उनमें से एक थी सत्रह वर्षीया लिंडा इमेरी।

उसके और ऐमी के बीच तीन वर्ष से रोमांस चल रहा था। कई अवसरों पर उसने विवाह का प्रस्ताव रखा, लेकिन हर बार उस प्रस्ताव को ठुकरा दिया गया। वर्ष 1963 के गरमी के मौसम में वह हांगकांग में अपने परिवार को ऐमी के साथ अपने संबंध के बारे में बता देने की योजना बना रहा था। उस वर्ष ऐमी को एक नौकरी का प्रस्ताव आया और वह अभी इस सोच में पड़ी हुई थी कि उसे वह नौकरी करनी चाहिए या नहीं। लेकिन ब्रूस चाहता था कि वह उस नौकरी को स्वीकार न करे और नौकरी लेने के बजाय उससे शादी कर ले। उसने अंतिम बार उससे शादी करने का प्रस्ताव रखा और उसके साथ अपनी दादी की अँगूठी उसे भेंट करनी चाही।

ऐमी ने उसका प्रस्ताव फिर ठुकरा दिया।

□

हांगकांग में छुट्टियाँ मनाना

वर्ष 1963 के गरमी के मौसम में प्रेम-प्रसंग में निराशा से त्रस्त ब्रूस ने हांगकांग में अपने परिवार से मिलने जाने का फैसला किया। उसके परिवार में तब उसके पिता, उसकी माँ, उसकी बहन ऐगनीस, एक चचेरा भाई एवं एक चाची के अलावा एक नौकर था और एक चूजा भी। उसका शिष्य और दोस्त डॉउग पामर यूनिवर्सिटी में मंडारिन सीख रहा था और इसीलिए उसके मन में एक बार भी यह विचार नहीं आया कि वह ब्रूस के साथ हांगकांग जाने का प्रस्ताव ठुकरा दे।

लेकिन उसे इस बात का जरा भी खयाल नहीं था कि हांगकांग में मंडारिन नहीं, बल्कि कैंटोनीज बोली जाती है। चीन में दो प्रमुख बोलियों के चलते किसी भी भाषा-शास्त्री के लिए मंडारिन और कैंटोनीज के बीच भेद बतलाना एक लुभावना विषय होता है। चीन की राजभाषा मंडारिन है, जो यू.एन. (संयुक्त राष्ट्र) में भी गिनी-चुनी आधिकारिक भाषाओं में से एक है। यद्यपि यह मध्य चीन की उन पाँच मुख्य भाषाओं में से एक है, जिनमें कैंटोनीज भी शामिल है। इसे प्राय: मंडारिन की एक उपशाखा बताया जाता है। लेकिन अगर इस तथ्य पर ध्यान दिया जाए कि मंडारिन और कैंटोनीज के बीच स्पष्ट भेद हैं तो यह बात साफ हो जाती है कि कैंटोनीज एक विशिष्ट, पृथक् भाषा है। मंडारिन और कैंटोनीज के बारे में एक अनोखी बात यह है कि दोनों स्वर संबंधी भाषाएँ हैं और प्रसंग एवं उच्चारण के आधार पर किसी एक अकेले शब्द के कई स्वगुणार्थ हो सकते हैं। फिर भी, इस मामले में कैंटोनीज

अधिक कठिन भाषा है, क्योंकि इसमें नौ स्वर होते हैं, जबकि मंडारिन में सात स्वर। इसके बावजूद इन भाषाओं में समान मुद्रालिपि (टाइपस्क्रिप्ट) का प्रयोग किया जा रहा है। शब्दों का उच्चारण इतना विषम अथवा असमान है कि लोग मजाक में इसे चूजों और बतखों के बीच हो रही बातचीत बताते हैं।

हांगकांग में आना क्या हुआ, ब्रूस और डॉउग हर समय कुछ-न-कुछ दिलचस्प करने में लगे रहते थे। उस ग्रीष्मकाल में दोनों ने अनेक प्रकार के कार्य किए। हांगकांग के रेतीले तटों पर उन्होंने तैराकी का आनंद उठाया, सप्ताहांत में फिल्में देखने चले जाते, मनोरंजन उद्यानों में गए, तड़क-भड़क वाले रेस्तराँओं में खाना खाया और नगर की चहल-पहल भरी सड़कों की पैदल सैर की। कुछेक अवसरों पर ब्रूस ने सार्वजनिक स्थानों पर अपने व्यावहारिक परिहास का प्रदर्शन किया, जिससे दोनों का बड़ा मनोरंजन हुआ। वे अकसर जोड़ी में काम करते और उनका पसंदीदा निशाना पुलिस अधिकारी हुआ करते थे।

हांगकांग में आना क्या हुआ, ब्रूस और डॉउग हर समय कुछ-न-कुछ दिलचस्प करने में लगे रहते थे। उस ग्रीष्मकाल में दोनों ने अनेक प्रकार के कार्य किए। हांगकांग के रेतीले तटों पर उन्होंने तैराकी का आनंद उठाया, सप्ताहांत में फिल्में देखने चले जाते, मनोरंजन उद्यानों में गए, तड़क-भड़क वाले रेस्तराँओं में खाना खाया और नगर की चहल-पहल भरी सड़कों की पैदल सैर की।

अभ्यास न करने के समय ब्रूस को भोला-भाला दिखनेवाले आदमी की वेशभूषा पहनना अच्छा लगता। वह ढीली-ढाली पैंट पहन लेता और बड़ा सा चश्मा लगा लेता था। सड़क चलते लोग अकसर उसे कोई बुद्धू या जोकर समझ लेते। उसकी पोशाक अकसर उसे बाजारू गुंडों का मनपसंद निशाना बना देती। एक बार जब ब्रूस और डॉउग किसी एक द्वीप समूह से एक नाव में वापस आ रहे थे तो दो बदमाशों ने उनकी हँसी उड़ाना शुरू कर दिया। कुछ समय तक तो वे उनकी उपेक्षा करते रहे और फिर जब उनसे बरदाश्त नहीं हुआ तो कुछ ही क्षणों बाद ब्रूस ने उसमें से एक को एक घूँसा मारकर

दंग कर दिया। दूसरा घबरा गया और कुछ नहीं कर सका।

हांगकांग में रहते हुए ब्रूस ने कुछ समय अपने प्रशिक्षक यिप मैन के साथ बिताना चाहा। उसने डॉउग को यिप मैन के सामने यह बताने से मना कर दिया था कि वह कुंग फू कर सकता है, क्योंकि उसकी परंपरावादी धारणा को इस बात से ठेस लग सकती है। परंपरानुसार वह केवल चीनी को युद्ध-कला का प्रशिक्षण देता है। यिप मैन और ब्रूस ने फिर रोजाना घंटों तक अभ्यास करना शुरू कर दिया। मकान की छत पर वे सुबह से देर शाम तक अभ्यास किया करते।

हांगकांग में रहते हुए ब्रूस ने कुछ समय अपने प्रशिक्षक, यिप मैन के साथ बिताना चाहा। उसने डॉउग को यिप मैन के सामने यह बताने से मना कर दिया था कि वह कुंग फू कर सकता है, क्योंकि उसकी परंपरावादी धारणा को इस बात से ठेस लग सकती है। परंपरानुसार वह केवल चीनी को युद्ध-कला का प्रशिक्षण देता है। यिप मैन और ब्रूस ने फिर रोजाना घंटों तक अभ्यास करना शुरू कर दिया। मकान की छत पर वे सुबह से देर शाम तक अभ्यास किया करते।

हांगकांग पहुँचने के बाद ब्रूस ने सबसे पहले अपने बचपन के प्रिय दोस्त पाक येन को तलाशा, जो अब कैंटोनीज फिल्म उद्योग में एक स्टार, अर्थात् अभिनेता बन चुका था। वे दोनों जल्दी-जल्दी मिलने लगे। जब तक वह हांगकांग में रहा, उस दौरान ब्रूस ने फिल्मों में कई भूमिकाओं के लिए तैयारी करने में पाक येन की मदद की थी।

सिएटल के लिए रवाना होने से कई सप्ताह पहले उसके पिता ने उसे अपनी सुन्नत (अर्थात् मुसलमानी) करा लेने के लिए कहा। आश्चर्य की बात है, वह इसके लिए राजी हो गया। उसने वह ऑपरेशन करवा लिया, जो उसके शब्दों में 'अत्यंत कष्टप्रद' था। ऑपरेशन के बाद सप्ताहों तक उसने तंग पैंट पहनने से परहेज किया और सिर्फ ढीली-ढाली पतलूनें पहनना बेहतर समझा। "अगर मैं जानता कि यह इतना दर्दनाक होगा तो मैं इसके लिए कभी राजी नहीं हुआ होता।" जब तक

दर्द चला नहीं गया, तब तक उसने कुंग फू का अभ्यास नहीं किया।

सिएटल जाने के रास्ते में ब्रूस और डॉउग हवाई में रुक गए। हवाई में उनसे एक स्थानीय स्कूल में एक प्रदर्शन करने के लिए कहा गया। उस प्रदर्शन को देखने के लिए भारी संख्या में लोग जमा हो गए। एक कोने में खड़ा और सिगरेट पी रहा एक आदमी प्रदर्शन को बड़ी उत्सुकता से देख रहा था। वह चलकर ऊपर ब्रूस के पास आया और उसने उससे कुछ सवाल पूछे। फिर उसने अपनी एक चेष्टा अथवा चाल को रोकने के लिए कहा, जिसे ब्रूस ने आसानी से रोक दिया। ब्रूस ने जैसे ही उसे छोड़ा, वह तुरंत अपनी मुट्ठी तानकर ब्रूस की तरफ बढ़ा, यह कहते हुए कि ''तुमने एक जगह खुली रहने दी।'' इस पर ब्रूस सिर्फ मुसकरा दिया, कोई उत्तर नहीं दिया। बाद में जब उसी आदमी ने ब्रूस को अपनी एक और चाल दिखाने की कोशिश की तो वे ब्रूस ने उसकी चाल को रोकने के बाद उसे अपनी मुट्ठियों के बीच इस तरह जकड़ लिया कि उसकी सिगरेट छूटकर दूर जा पड़ी।

उस वर्ष लिंडा इमेरी ने उस स्कूल से डिग्री प्राप्त कर ली, जहाँ ब्रूस एक बार अतिथि व्याख्याता की हैसियत से गया था। उसने उसी यूनिवर्सिटी में जाना शुरू कर दिया, जहाँ ब्रूस जाया करता था। उस समय ब्रूस दर्शन-शास्त्र में डिग्री कोर्स कर रहा था। एक दोपहरी वह अपनी चीनी मित्र स्यू ऐन काइ के साथ, जिसने ब्रूस से कुंग फू में प्रशिक्षण लिया था, सिएटल के चाइना टाउन में चल रहे एक अभ्यास सत्र में गई। इन अभ्यास सत्रों का आयोजन एक जीर्ण-शीर्ण व पुराने तहखाने (बेसमेंट) में किया गया था।

अमेरिका लौटने पर उसने महसूस किया कि देश की सरकार की योजना कुछ और ही है। उसे विएतनाम में युद्ध में शामिल होने के लिए कहा गया। उसे शारीरिक परीक्षण के लिए भेजा गया, जहाँ भाग्यवश उसे अयोग्य घोषित कर दिया गया।

उस वर्ष लिंडा इमेरी ने उस स्कूल से डिग्री प्राप्त कर ली, जहाँ ब्रूस एक बार अतिथि व्याख्याता की हैसियत से गया था। उसने उसी यूनिवर्सिटी में

जाना शुरू कर दिया, जहाँ ब्रूस जाया करता था। उस समय ब्रूस दर्शन-शास्त्र में डिग्री कोर्स कर रहा था। एक दोपहरी वह अपनी चीनी मित्र स्यू ऐन काइ के साथ, जिसने ब्रूस से कुंग फू में प्रशिक्षण लिया था, सिएटल के चाइना टाउन में चल रहे एक अभ्यास सत्र में गई। इन अभ्यास सत्रों का आयोजन एक जीर्ण-शीर्ण व पुराने तहखाने (बेसमेंट) में किया गया था।

ब्रूस की कुंग फू कक्षाएँ कुछ ही समय के अंदर यूनिवर्सिटी में विद्यार्थियों के बीच चर्चा का विषय बन गईं। लिंडा इमेरी भी एक छात्रा के रूप में वहाँ जाने लगी। उसकी कक्षाएँ अधिकाधिक लोकप्रिय होने लगी थीं, क्योंकि यूनिवर्सिटी में पढ़ाई के बाद हर कोई उन कक्षाओं में जाने की इच्छा करता था। तब ब्रूस ने यूनिवर्सिटी के मर्दाना जिम में एक प्रदर्शन का आयोजन करने की अनुमति माँगी। वह प्रदर्शन तत्काल जबरदस्त सफल सिद्ध हुआ। उस कक्षा में आनेवालों की संख्या एकदम बहुत बढ़ गई।

एक दिन कक्षा के बाद उसने लिंडा को डिनर के लिए चलने को कहा।

□

चैपॅल (उपासना-गृह) जाना

लिंडा इमेरी ब्रूस ली की नई प्रेमिका थी। ब्रूस ली बातूनी था और वह एक अच्छी श्रोता थी। दोनों की यह खासियत एक-दूसरे को बहुत करीब ले आई। वह अभी तक चाउ दंपती के यहाँ रह रहा था और किसी दूसरे स्थान की तलाश में लगा हुआ था, जहाँ जाकर वह रह भी सके और नए सिरे से अपनी कक्षाएँ आरंभ कर सके। उसके इस कार्य के पीछे लिंडा की प्रेरणा थी। उसने ही ब्रूस को वहाँ से किसी दूसरी जगह चलने और किराए पर जगह लेकर अपनी कक्षाएँ पुनः आरंभ करने का सुझाव दिया था।

किराए पर उपलब्ध स्थानों के लिए अखबारों में विज्ञापनों की छानबीन करने के बाद ब्रूस ने 4750 यूनिवर्सिटी मार्ग पर स्थित एक अपार्टमेंट बिल्डिंग में ग्राउंड फ्लोर लेना तय कर लिया। वह बिल्डिंग यूनिवर्सिटी से ज्यादा दूर नहीं थी, जबकि चाउ परिवार के परिसर में कक्षाओं के लिए छात्रों को बहुत दूर सफर करके आना पड़ता था। ब्रूस ने कक्षाओं के लिए 4 डॉलर प्रति सप्ताह फीस निश्चित कर दी। इससे उसकी अपनी जरूरतें पूरी हो सकती थीं और वह आराम से किराया भी चुका सकता था। अक्तूबर 1963 में एक दिन ब्रूस ने चाउ दंपती को नोटिस थमा दिया और अपना नया स्कूल खोल लिया, जिसका नाम उसने 'जुन फैन कुंग फू इंस्टीट्यूट' रखा।

इस नई जगह में स्नान-फुहारे पहले से लगे हुए थे, लेकिन बदकिस्मती से खिड़कियाँ नहीं थीं। ब्रूस और उसके कुछ शिष्यों ने उस जगह को उन चीजों से सुसज्जित कर दिया, जो वह अपनी ग्रीष्मकालीन यात्रा से लौटते

समय हांगकांग से वापस लाया था। उन चीजों ने उस जगह को एक वास्तविक चीनी रंग दे दिया।

नई जगह पर कक्षाएँ आरंभ हो जाने के बाद ब्रूस और लिंडा एक-दूसरे के साथ अधिक समय बिताने लगे। फिर भी, लिंडा ने इस संबंध को अपने माता-पिता से गुप्त रखा था, जो पक्के प्रोटेस्टेंट थे और चाहते थे कि उनकी बेटी अपने धर्म के ही किसी युवक से विवाह करे। लेकिन वह अपने इरादे की पक्की थी और माँ-बाप को पता चल जाने की स्थिति में हर परिणाम भुगतने के लिए तैयार थी। अपने एकांत मिलन के दौरान लिंडा ने उनके भविष्य को लेकर ब्रूस से एक-दो बार बात उठाई। उन सवालों के जवाब में वह केवल मुसकराकर रह जाता।

दिसंबर 1963 में उसने डॉउग पॉमर के साथ गारफील्ड हाई स्कूल में एक प्रदर्शन किया। यह वही स्कूल था, जहाँ से डॉउग ने लिंडा से एक वर्ष पहले स्कूली शिक्षा पूरी की थी। प्रदर्शन के दौरान ब्रूस अपनी वह चाल छात्रों को दिखाने जा रहा था, जो आनेवाले वर्षों में उसका एक ट्रेडमार्क बनने वाली थी। उसने उन्हें एक इंच का मुक्का (The One Inch Punch) दिखाने का निर्णय किया।

दिसंबर 1963 में उसने डॉउग पॉमर के साथ गारफील्ड हाई स्कूल में एक प्रदर्शन किया। यह वही स्कूल था, जहाँ से डॉउग ने लिंडा से एक वर्ष पहले स्कूली शिक्षा पूरी की थी। प्रदर्शन के दौरान ब्रूस अपनी वह चाल छात्रों को दिखाने जा रहा था, जो आनेवाले वर्षों में उसका एक ट्रेडमार्क बनने वाली थी। उसने उन्हें एक इंच का मुक्का (The One Inch Punch) दिखाने का निर्णय किया।

उसने प्रदर्शन का आरंभ कुंग फू के इतिहास के बारे में परंपरागत वार्त्ता के साथ किया। फिर उसने विद्यार्थियों, जिनमें से अनेक कराटे सीख रहे थे, को यह बतलाया कि कुंग फू पदाघात और कराटे पदाघात में क्या अंतर होता है। विद्यार्थियों को इस बातचीत में कोई खास रुचि नहीं थी और वे बहुत ऊबने लगे थे। तब उसने उनमें से किसी विद्यार्थी को प्रदर्शन में स्वेच्छा से आने के

लिए कहा। एक लंबे-तगड़े लड़के ने अपना हाथ उठाया। सभी छात्र, जिनमें से अधिकतर आधी नींद में थे, जाग गए और आँखों में उत्सुकता लिये देखने लगे। तत्पश्चात् उसने छात्रों से कहा कि वह सिर्फ 'एक इंच' की दूरी से उस पर मुक्का चलाने वाला है। इसके बाद उसने डॉउग को उस लड़के के पीछे एक कुरसी रखने को कहा।

अपनी कसी हुई मुट्ठी के साथ वह पीछे की ओर झुका और अपने हाथों को खींचकर उस लड़के की तरफ बढ़ाया। फिर उसने तड़ाक से उसके सीने में मुक्का मारा और वह पीछे की ओर उड़ता हुआ कुरसी पर जाकर गिरा।

उन दिनों ब्रूस ऑकलैंड वासी एक कुंग फू शिक्षक के निरंतर संपर्क में रहता था। उसका नाम जेम्स ली था। जून 1964 में ब्रूस और जेम्स ने प्रसिद्धि प्राप्त 'जुन फैन कुंग फू इंस्टीट्यूट' की दूसरी शाखा ऑकलैंड में खोलने की योजना बनाई। अब तक ब्रूस का अपनी पढ़ाई से नाता पूरी तरह टूट चुका था और उसने यूनिवर्सिटी ऑफ वाशिंगटन से दर्शन-शास्त्र में अपनी डॉक्टरेट पूरी करने का इरादा छोड़ दिया। उसने जेम्स का प्रस्ताव स्वीकार कर लिया और ऑकलैंड जाने की तैयारी में जुट गया। उसने अपनी कार बेच दी और अपना फर्नीचर जहाज से ऑकलैंड भेज दिया। ऑकलैंड के लिए रवाना होने से पहले उसने लिंडा से वादा किया कि एक परिवार की जिम्मेदारी भलीभाँति उठाने लायक पर्याप्त धन कमाने पर वह उससे शादी कर लेगा।

उन दिनों ब्रूस ऑकलैंड वासी एक कुंग फू शिक्षक के निरंतर संपर्क में रहता था। उसका नाम जेम्स ली था। जून 1964 में ब्रूस और जेम्स ने प्रसिद्धि प्राप्त 'जुन फैन कुंग फू इंस्टीट्यूट' की दूसरी शाखा ऑकलैंड में खोलने की योजना बनाई। अब तक ब्रूस का अपनी पढ़ाई से नाता पूरी तरह टूट चुका था और उसने यूनिवर्सिटी ऑफ वाशिंगटन से दर्शन-शास्त्र में अपनी डॉक्टरेट पूरी करने का इरादा छोड़ दिया।

ऑकलैंड अलमेडा काउंटी, कैलिफोर्निया, अमेरिका का सबसे बड़ा नगर और काउंटी सीट है। यह पूरे सैन फ्रांसिस्को खाड़ी क्षेत्र में तीसरा सबसे

बड़ा नगर, कैलिफोर्निया राज्य का आठवाँ सबसे बड़ा नगर और अमेरिका में 45वाँ सबसे बड़ा नगर है। यह एक प्रमुख वेस्ट कोस्ट पोर्ट सिटी है और सैन फ्रांसिस्को खाड़ी क्षेत्र के पूर्वी खाड़ी क्षेत्र में सबसे बड़ा नगर है। सन् 2015 के आँकड़ों के अनुसार, इसकी जनसंख्या 4,19,267 है। यह नगर सैन फ्रांसिस्को खाड़ी क्षेत्र में व्यापार का केंद्र बना हुआ है। ऑकलैंड का बंदरगाह सैन फ्रांसिस्को खाड़ी समूचे उत्तरी कैलिफोर्निया में सबसे बड़ा बंदरगाह है और अमेरिका का पाँचवाँ व्यस्ततम बंदरगाह है। यह नगर सैन फ्रांसिस्को से 6 मील (9.7 कि.मी.) पूर्व में स्थित है। ऑकलैंड को सन् 1852 में अमेरिका में शामिल किया गया।

लॉन्ग बीच कन्वेंशन एंड एंटरटेनमेंट सेंटर लॉन्ग बीच में स्थित एक सम्मेलन केंद्र है। जुलाई 1964 में यहाँ वार्षिक कराटे टूर्नामेंट का आयोजन हुआ। खिलाड़ियों का उत्साह बढ़ाने के लिए वहाँ हजारों की भीड़ मौजूद थी। इसी बीच घोषणा हुई कि ब्रूस ली नाम का एक युवक वहाँ एक परंपरागत युद्ध-कला कुंग फू का एक संक्षिप्त प्रदर्शन प्रस्तुत करने वाला है। एक साधारण काले रंग का कुंग फू सूट तथा चप्पलें पहने ब्रूस ने अखाड़े में प्रवेश किया। उसने एक उँगली पुशअप के साथ प्रदर्शन आरंभ किया और उसे एक प्रतिद्वंद्वी पर 'एक इंच' की दूरी से मुक्का मारने के साथ समाप्त किया। वह प्रतिद्वंद्वी हवा में उछलकर पीछे गिरा और हाँफने लगा। एक इंच पुष्टि-प्रहार दिखाने का उसका उद्देश्य यह था कि लोगों को उस प्रदर्शन से समझ आ जाए कि कुंग फू की मुक्केबाजी की तकनीकें अधिक

एक साधारण काले रंग का कुंग फू सूट तथा चप्पलें पहने ब्रूस ने अखाड़े में प्रवेश किया। उसने एक उँगली पुशअप के साथ प्रदर्शन आरंभ किया और उसे एक प्रतिद्वंद्वी पर 'एक इंच' की दूरी से मुक्का मारने के साथ समाप्त किया। वह प्रतिद्वंद्वी हवा में उछलकर पीछे गिरा और हाँफने लगा। एक इंच पुष्टि-प्रहार दिखाने का उसका उद्देश्य यह था कि लोगों को उस प्रदर्शन से समझ आ जाए कि कुंग फू की मुक्केबाजी की तकनीकें अधिक कारगर हैं और उनमें कम ऊर्जा लगती है।

कारगर हैं और उनमें कम ऊर्जा लगती है।

पंच (मुष्टिका) के दूसरे सिरे पर फिलिपिनो युद्ध-कला कलाकार डैन इनोसैंटो खड़ा हुआ था। उसके अपने शब्दों के अनुसार, उस घटना ने उसे आश्चर्यचकित कर दिया। फिर उसने ब्रूस से प्रशिक्षण लेने का मन बना लिया और उसे खोजते-खोजते उसके होटल रूम तक पहुँच गया।

डैन और ब्रूस में जल्दी दोस्ती हो गई। दोनों प्रशिक्षण एवं किताबों की दुकानों में समय बिताने लगे। डैन ने सैन फ्रांसिस्को नगर में ब्रूस के लिए प्रदर्शन करने का इंतजाम कर दिया। अन्य स्थानों पर दिए गए प्रदर्शनों की भाँति सैन फ्रांसिस्को के प्रदर्शनों में भी वैसे ही फुरतीले तीव्र पदाघात, मुष्टि-प्रहार, अवरोधन (अर्थात् प्रहार को रोकने) आदि का प्रदर्शन किया गया था। उसके साथ समय बिताते हुए डैन ने उसके कई करतब भी सीख लिये।

> *डैन और ब्रूस में जल्दी दोस्ती हो गई। दोनों प्रशिक्षण एवं किताबों की दुकानों में समय बिताने लगे। डैन ने सैन फ्रांसिस्को नगर में ब्रूस के लिए प्रदर्शन करने का इंतजाम कर दिया। अन्य स्थानों पर दिए गए प्रदर्शनों की भाँति सैन फ्रांसिस्को के प्रदर्शनों में भी वैसे ही फुरतीले तीव्र पदाघात, मुष्टि-प्रहार, अवरोधन (अर्थात् प्रहार को रोकने) आदि का प्रदर्शन किया गया था। उसके साथ समय बिताते हुए डैन ने उसके कई करतब भी सीख लिये।*

इस बीच ब्रूस और लिंडा पत्रों के जरिए एक-दूसरे के संपर्क में बने रहे। बहुत जल्दी ब्रूस ने शादी का प्रस्ताव रख दिया और इस बार उसका प्रस्ताव मंजूर कर लिया गया। दोनों ने चुपचाप शादी करके ऑकलैंड चले जाने और फिर अपने माता-पिता को सूचित करने का निश्चय किया। 12 अगस्त, 1964 को ब्रूस अपनी जेब में शादी की एक अँगूठी लेकर सिएटल लौट आया। उनके विवाह को लिंडा के माता-पिता से गोपनीय रखने की हर संभव कोशिश के बावजूद उसकी आंट को स्थानीय अखबार से पता चला गया, क्योंकि अखबार में शादी की खबर छापना कानूनन जरूरी था। उसने लिंडा की माँ को फोन करके विवाह में न बुलाने

की शिकायत की। फोन पर मिली इस खबर ने लिंडा की माँ को हैरानी में डाल दिया।

इमेरी परिवार ने नव दंपती को हर तरह से मनाने की कोशिश की कि वे यह शादी तोड़ दें। लेकिन जब उन्हें पता चला कि लिंडा के पेट में ब्रूस का बच्चा है तो उन्होंने अर्थात् इमेरी परिवार ने शादी की तैयारियाँ शुरू कर दीं। शादी का आयोजन सिएटल कांग्रेगेश्नल चर्च में करना निश्चित हुआ। ब्रूस ने एक स्थानीय स्टोर से किराए पर लिया शादी का सूट पहना और लिंडा के पास पहनने के लिए शादी की ड्रेस भी नहीं थी। इस शादी में तकी कियूरा शहवाला (बेस्ट मैन) बना और एक वही परिवार से बाहर का व्यक्ति था, जिसे शादी में बुलाया गया था।

□

युद्ध-प्रशिक्षण युद्ध

ब्रूस ने ऑकलैंड में अपने कुंग फू स्कूल की दूसरी शाखा जेम्स ली की साझेदारी में आरंभ की थी। जिस समय लिंडा और ब्रूस विवाह के बंधन में बँधे थे, तब ब्रूस के पास ऑकलैंड में कोई घर नहीं था। जेम्स ली तथा उसकी पत्नी ब्रूस व लिंडा को उस समय तक अपने घर में मेहमान के रूप में रखकर बहुत खुश थे, जब तक ब्रूस को रहने की जगह नहीं मिल जाती। लेकिन उनके आने के एक माह के अंदर ही जेम्स ली की पत्नी का कैंसर की बीमारी से देहांत हो गया।

वह अपने पीछे एक छोटा बेटा और बेटी छोड़ गई। लिंडा उन बच्चों की देखभाल करने लगी और उसने ब्रूस से कहा कि वह कोई दूसरा मकान तलाशने के बजाय उनके साथ वहीं रहने के बारे में विचार करे।

जेम्स ली ब्रूस से बीस वर्ष बड़ा था। पहले वह राज्य स्तर पर एक भारोत्तोलन (वेट लिफ्टिंग) चैंपियन तथा एक शौकिया मुक्केबाज रह चुका था और जूडो में ब्राउन बेल्ट (भूरे रंग की पेटी) हासिल कर चुका था। लेकिन जीवन ने कुछ ऐसा पलटा खाया कि उसे जीवन-निर्वाह करने के लिए एक वेल्डर का काम करना पड़ा। जेम्स ने परंपरागत कुंग फू में भी प्रशिक्षण लिया था; परंतु यांत्रिक चेष्टाओं और प्रशिक्षण संबंधी दृष्टिकोण के प्रति अपनी अरुचि के कारण बाद में उसने अपनी ही एक अनौपचारिक शैली विकसित की, जिसमें उसने कुंग फू तथा अन्य सामरिक कलाओं की चेष्टाओं व चालों का समावेश किया। ब्रूस और जेम्स दोनों का एकमत था कि कुंग फू को कम

मेकैनिकल (यांत्रिक) और असल मुकाबले की स्थिति की आवश्यकताओं के अधिक अनुकूल एवं उपयुक्त बनाने की जरूरत है।

इस आशय के साथ दोनों ने ऑकलैंड में ब्रॉडवे स्ट्रीट पर जुनफैन कुंग फू इंस्टीट्यूट की दूसरी शाखा का उद्घाटन किया। शुरू-शुरू में तो वह इंस्टीट्यूट बहुत कम लोगों के आने के कारण उतना कामयाब नहीं हुआ, जितनी अपेक्षा की गई थी, लेकिन ईश्वर का शुक्रिया कि सिएटल में स्थित शाखा लाभ अर्जित कर रही थी, जिसने इस दूसरी शाखा को सहायता देकर अस्तित्व में बने रहने दिया। ब्रूस ने अपनी कुंग फू कक्षाओं के बारे में प्रकाशित विज्ञापनों में कभी कोई बड़े दावे नहीं किए। पड़ोस में दूसरे कुंग फू स्कूलों के विपरीत उसने कभी छह माह या एक साल में सिखा देने का दावा नहीं किया। उसे ऐसे अधीर छात्र नहीं चाहिए थे, जो जल्दबाजी और कम-से-कम समय में कुंग फू सीखना चाहते हैं। उसे गंभीर किस्म के विद्यार्थी चाहिए थे, जिनके अंदर इस कला को पूरी निष्ठा और धैर्य के साथ सीखने की इच्छा हो। वह चाहता था कि वही युवक आगे आएँ, जो इस युद्ध-कला की आत्मा तक पहुँचने को तैयार हों। इसी कारण उसने बनी-बनाई चालें एवं दाँव-पेच सिखाने से मना कर दिया और इसके बदले अपने शिष्यों को कला के विकास एवं विस्तार और सृजन करने के लिए प्रोत्साहित किया। जैसे ही उसकी कक्षाओं में सीखनेवालों की संख्या बढ़ने लगी, उसे शहर में एक नए कुंग फू प्रशिक्षक वांग जैक मैन ने लड़ाई के लिए एक चुनौती दे डाली।

ब्रूस ने अपनी कुंग फू कक्षाओं के बारे में प्रकाशित विज्ञापनों में कभी कोई बड़े दावे नहीं किए। पड़ोस में दूसरे कुंग फू स्कूलों के विपरीत उसने कभी छह माह या एक साल में सिखा देने का दावा नहीं किया। उसे ऐसे अधीर छात्र नहीं चाहिए थे, जो जल्दबाजी और कम-से-कम समय में कुंग फू सीखना चाहते हैं। उसे गंभीर किस्म के विद्यार्थी चाहिए थे, जिनके अंदर इस कला को पूरी निष्ठा और धैर्य के साथ सीखने की इच्छा हो।

इस देश में ब्रूस के आने से पहले कुंग फू बहुत प्रचलित था, लेकिन अधिकतर यह युद्ध-कला चीनी समुदाय को सिखाई जाती थी। बाहरी लोगों को कुछ नहीं सिखाया जाता था। ब्रूस का दृष्टिकोण अलग था। वह नस्ल, धर्म, जाति आदि का विचार किए बिना सबके बीच समानता उत्पन्न करने के उद्‍देश्य से आया था। उसने हर किसी के लिए अपने दरवाजे खुले रखे। उसके लिए वर्ण या जाति का कोई अर्थ नहीं था। उसे सिर्फ इस बात से सरोकार था कि जो भी आए, उसका दिल साफ और विचार सकारात्मक होने चाहिए। उसने उन्हें अपने स्कूल में भरती कर लिया और फिर जब सैन फ्रांसिस्को में उसका काम खत्म हो गया, जहाँ चीनी समुदाय ने यह समझकर मानो वे चीन में ही रह रहें हों, इस पर आपत्ति उठाई तो उसे इन हालात से निकलने के लिए जूझना ही था। तकी किमूरा ने एक साक्षात्कार में बताया।

जैक मैन हाल ही में हांगकांग से इस लक्ष्य के साथ आया था कि वह अमेरिकियों को कुंग फू सिखलाएगा। वह 5 फीट 10 इंच लंबा था और उसका वजन 135 पौंड था। शाओलिन शैलियों में उसे विशेष योग्यता प्राप्त थी। इसके अलावा, उसने आंतरिक कुंग फू शैलियों में भी प्रशिक्षण लिया था। नगर में कुंग फू के प्रदर्शन-क्षेत्र में अपना नाम कमाने के उद्‍देश्य से उसने नगर में मौजूद सर्वश्रेष्ठ कुंग फू शिक्षक को चुनौती देने का फैसला किया। उसने एक मुकाबले के लिए उसे चुनौती दी। शर्त यह थी कि मुकाबला जीतनेवाला स्कूल चलाएगा और हारनेवाले को युद्ध-कला सिखाना छोड़ देना होगा।

जैक मैन हाल ही में हांगकांग से इस लक्ष्य के साथ आया था कि वह अमेरिकियों को कुंग फू सिखलाएगा। वह 5 फीट 10 इंच लंबा था और उसका वजन 135 पौंड था। शाओलिन शैलियों में उसे विशेष योग्यता प्राप्त थी। इसके अलावा, उसने आंतरिक कुंग फू शैलियों में भी प्रशिक्षण लिया था। नगर में कुंग फू के प्रदर्शन-क्षेत्र में अपना नाम कमाने के उद्‍देश्य से उसने नगर में मौजूद सर्वश्रेष्ठ कुंग फू शिक्षक को चुनौती देने का फैसला किया।

मुकाबले के लिए दिन और स्थान निश्चित हो गया। कुछ बुनियादी नियम निर्धारित किए गए, जैसे कि आँखें न गड़ाना, उरुमूल में पदाघात न करना आदि। जैसे ही दोनों ने एक-दूसरे पर निगाह डाली, ब्रूस ली ने वांग जैक मैन के एक मित्र के बारे में कोई तीखी बात कह दी, जिसने मुकाबला तय कराने में मदद की थी। उसने कहा, ''तुम्हारे दोस्त ने तुम्हें मार डाला।''

मैदान खाली छोड़ दिया गया। दोनों लड़ाकों ने सिर झुकाकर अभिवादन किया और वांग जैक मैन ने आगे बढ़कर मुकाबला शुरू करने से पहले हस्तमिलान के लिए अपना हाथ फैलाया। ब्रूस तेजी से आँखों को हाथ लगाकर आगे की ओर उछला। वांग को आश्चर्य हुआ, लेकिन बहुत जल्द वह कुंग फू की परंपरागत युद्धक मुद्रा में आ गया। ब्रूस ने विंग चुन की मुद्रा अपनाई। पर दोनों अपनी-अपनी मुद्रा में निश्चल बने रहे। किंतु ब्रूस अधिक आक्रामक था। मुकाबला कई मिनट तक चलता रहा। ब्रूस लड़ाई समाप्त करने में असमर्थ था और वांग अपना बचाव करने के लिए एक सिरे से दूसरे सिरे तक दौड़ रहा था। लेकिन वांग के समर्थकों की राय इससे अलग है। उन्होंने ब्रूस को डर दिखाकर मैदान छोड़ जाने के लिए बाध्य करने का प्रयास किया। लेकिन जिम ली मध्यस्थता करने आ गया। बाद में मुकाबला रद्द कर दिया गया।

मुकाबले के लिए दिन और स्थान निश्चित हो गया। कुछ बुनियादी नियम निर्धारित किए गए, जैसे कि आँखें न गड़ाना, उरुमूल में पदाघात न करना आदि। जैसे ही दोनों ने एक-दूसरे पर निगाह डाली, ब्रूस ली ने वांग जैक मैन के एक मित्र के बारे में कोई तीखी बात कह दी, जिसने मुकाबला तय कराने में मदद की थी। उसने कहा, ''तुम्हारे दोस्त ने तुम्हें मार डाला।''

''ऑकलैंड में ब्रूस को सैन फ्रांसिस्को युद्ध-कला समुदाय से एक चुनौती मिली और उस चुनौती में कहा गया था कि अगर ब्रूस इस चुनौती में हार जाता है तो उसे काकेशियाई या गैर-चीनी छात्रों को सिखाना छोड़ देना होगा। युद्ध-कला का चीनी कलाकार सैन फ्रांसिस्को से चलकर ऑकलैंड में

ब्रूस के स्टूडियो में आ पहुँचा। फिर दोनों के बीच एक बहुत ही औपचारिक मुकाबला हुआ। मैं वहाँ मौजूद थी। दरअसल मैं आठ माह की गर्भवती थी। ब्रॉन्डन मेरी कोख में था। जेम्स ली भी वहाँ था और चीनी युद्धक कलाकार के साथ यह मुकाबला करीब तीन मिनट तक चला। इसमें काफी दौड़ा-दौड़ी हुई। चीनी क़लाकार ने उड़ान भरी और कमरे के चारों तरफ दौड़ना शुरू कर दिया। ब्रूस लगातार उसका पीछा कर रहा था। अंततः ब्रूस ने उसको पकड़ ही लिया और नीचे जमीन पर गिरा दिया तथा उसको समर्पण करने के लिए बाध्य कर दिया। यह चुनौती उस चीनी योद्धा की पक्की पराजय के साथ समाप्त हुई और वे चले गए। ब्रूस ने युद्ध-कला सीखने की चाह रखनेवाले किसी भी व्यक्ति को सिखाने का अधिकार जीत लिया।'' लिंडा ली ने एक साक्षात्कार में बताया।

ब्रूस एक बहुत ही आत्म-आलोचक व्यक्ति था। इस मुकाबले में अपने प्रदर्शन से वह बहुत नाखुश और असंतुष्ट महसूस कर रहा था। मुकाबला खत्म करने में तीन मिनट से अधिक समय लगने की बात से उसके मन को गहरी चोट पहुँची थी, अतः उसने अपने मुष्टि-प्रहार व पदाघात को सुधारने के तरीकों पर विचार करना आरंभ कर दिया।

ब्रूस एक बहुत ही आत्म-आलोचक व्यक्ति था। इस मुकाबले में अपने प्रदर्शन से वह बहुत नाखुश और असंतुष्ट महसूस कर रहा था। मुकाबला खत्म करने में तीन मिनट से अधिक समय लगने की बात से उसके मन को गहरी चोट पहुँची थी, अतः उसने अपने मुष्टि-प्रहार व पदाघात को सुधारने के तरीकों पर विचार करना आरंभ कर दिया। उसको यह बात सबसे अधिक सता रही थी कि उसके मुक्कों और पद-प्रहार में वह शक्ति नहीं है, जो होनी चाहिए। उसके पास सही तकनीक थी, लेकिन उसकी प्रहारक शक्ति (Ch'i) अपेक्षित स्तर तक काम नहीं कर रही थी।

जेम्स ली की सहायता से उसने एक गहन शारीरिक प्रशिक्षण चर्या आरंभ की। उसका दिन घंटों तक चिंतन-मनन करने से शुरू होता। उसके

बाद वह कोई लंबी दौड़ लगाने चला जाता। दौड़ लगाने के दौरान उसके कुत्ते साथ में होते। फिर अपना दोपहर का भोजन समाप्त करने के बाद वह ट्रेनिंग बाइक पर घंटों अभ्यास करता। शाम का समय देर तक उठक-बैठक करने में व्यतीत होता। कभी-कभी वह अपने अग्रबाहु विकसित करने के लिए वजन भी उठाता। थोड़े ही समय में उसकी मांसपेशियाँ और अधिक उभरने लगीं। प्रोटीन की आवश्यकता पूरी करने के लिए वह अपने आहार में प्रोटीन शेक और वजन बढ़ानेवाले पेय लेने लगा। अपने आहार में उसने विटामिन्स की खुराक भी बढ़ा दी।

> ***जेम्स का गैराज बहुत जल्दी अनेक प्रकार के यंत्रों से भर गया, जैसे कि मुक्केबाजी के लिए एक भारी थैला, हवा भरे फिकिंग शील्ड, टाँगें खींचकर पसारने के लिए लूप और पुलि यंत्र इत्यादि। ब्रूस ने हांगकांग के विंग चुन की जो कठपुतली मँगवाई थी, उस पुरानी कठपुतली को भी उसके अभ्यास की जरूरतों के मुताबिक थोड़ा-बहुत बदल दिया गया।***

उसका दोस्त और प्रशिक्षक जेम्स ली बताता है कि उसने लगनपूर्वक जबरदस्त अभ्यास किया, अर्थात् अभ्यास करते समय उसे और कुछ नहीं सूझता था। कभी-कभी वह बेदम हो जाने तक रुकता नहीं था और जब दम आ जाता, वह फिर से शुरू हो जाया करता। उसने अभ्यास करना कभी नहीं छोड़ा।

जब वह बाहर होता, तब भी अपनी चेष्टाओं का अभ्यास करने का कोई अवसर नहीं जाने देता था। वह पेड़ों पर किक लगाता, अपने पदाघात का खरापन सुनिश्चित करने के लिए कूड़ा-करकट से उड़े तिनकों को लत्ती लगाता। वे ऐसे दिन थे, जब युद्ध संबंधी कलाओं का अभ्यास किसी मशीन द्वारा नहीं किया जाता था। लेकिन ब्रूस को तत्काल मशीन की जरूरत महसूस हुई। इसी कारण वह और जेम्स ली युद्ध-कलाओं में प्रशिक्षण के लिए अनेक मशीनों का नक्शा बनाने और उन मशीनों का निर्माण करने में लग गए।

जेम्स का गैराज बहुत जल्दी अनेक प्रकार के यंत्रों से भर गया, जैसे कि

मुक्केबाजी के लिए एक भारी थैला, हवा भरे फिकिंग शील्ड, टाँगें खींचकर पसारने के लिए लूप और पुलि यंत्र इत्यादि। ब्रूस ने हांगकांग के विंग चुन की जो कठपुतली मँगवाई थी, उस पुरानी कठपुतली को भी उसके अभ्यास की जरूरतों के मुताबिक थोड़ा-बहुत बदल दिया गया।

अपने स्कूल में प्रशिक्षण सत्रों के दौरान उसने अपने विद्यार्थियों में आक्रोश एवं भय की वास्तविक भावनाएँ जगाने के लिए हर युक्ति का प्रयोग किया, ताकि उन्हें लड़ने के लिए तैयार किया जा सके। महीनों के ऐसे गहन प्रशिक्षण एवं समर्पण के बाद उसके मुक्कों व पद-प्रहार में उस स्तर की शक्ति एवं तीव्रता आई और वे इतने भयंकर व घातक बन गए कि कोई भी साधारण व्यक्ति एक ही प्रहार में हवा में चक्कर खाने लगे। फिर उसने अपनी चेष्टाओं को केवल उस कठपुतली पर आजमाया, क्योंकि वे इतनी घातक चेष्टाएँ थीं कि उन्हें किसी व्यक्ति पर नहीं आजमाया जा सकता था। ऐसे बहुत से लोगों का कंधा उतर गया, जो उसके वास्ते किकिंग बैग पकड़े रहते थे।

□

बड़ा अवसर मिलने से पहले

"संसार में जल या पानी सबसे कोमल द्रव्य है और फिर भी यह कठोर-से-कठोर चट्टान या किसी भी चीज में घुस सकता है। आप इसे जो चाहे नाम दे दें। यह निस्सार है, तथ्यहीन है। इससे मेरा अभिप्राय है कि आप इसे पकड़ नहीं सकते, इसे मुक्का नहीं मार सकते और न इसे चोट पहुँचा सकते हैं। अतः हर कुंग फू आदमी वही करने की कोशिश कर रहा है। पानी जैसा नाजुक और नमनीय बनने तथा विरोधी के अनुकूल होने का प्रयास।"

उपर्युक्त टिप्पणी किसी चीनी जासूस के बारे में एक टी.वी. सीरीज में एक भूमिका के लिए ब्रूस ली के प्रथम स्क्रीन टेस्ट से लिया गया एक उद्धरण है। यह स्क्रीन टेस्ट उसके पहलू में कब आ टपका? जो भी हो, यह सिर्फ एक संयोग की बात थी कि इस स्क्रीन टेस्ट के लिए हाजिर होने का मौका उसे बिना माँगे मिल गया। 2 अगस्त, 1964 को लॉन्ग बीच कैलिफोर्निया में, जहाँ ब्रूस ने कुंग फू का एक प्रदर्शन दिया था, ब्रूस ने उस दौरान 'वन इंच पंच' और अपने दो अंगुल पुश-अप्स (दो उँगलियों पर दंड पेलना) भी दिखलाए और इस प्रदर्शन ने दर्शकों को अचंभित कर दिया। दर्शकों की उस भीड़ में बैटमैन टी.वी. सीरीज का केश-सज्जाकार (हेयर स्टाइलिस्ट) जे. सेबरिंग भी मौजूद था। उसने ब्रूस की प्रतिभा का बखान एक टी.वी. कार्यक्रम प्रस्तुतकर्ता विलियम डोजियर के सामने किया, जो एक चीनी जासूस से संबंधित टी.वी. सीरीज में एक किरदार निभाने के लिए किसी

कलाकार की तलाश में था। तब सेबरिंग ने लॉन्ग बीच पर ब्रूस के प्रदर्शन की एक फिल्म दिखाई। फिल्म को देखकर डोजियर बहुत प्रभावित हुआ और उसने ब्रूस को स्क्रीन टेस्ट के लिए विमान पकड़कर लॉस एंजिल्स चले आने को कहा।

1 फरवरी, 1965 को 24 वर्षीय ब्रूस ली लॉस एंजिल्स, कैलिफोर्निया में एक ऐसी टी.वी. सीरीज के लिए अपना पहला ऑडिशन (ध्वनि-परीक्षण) टेस्ट दे रहा था, जो कभी बननी नहीं थी। लेकिन उन्नीस माह बाद इसी ऑडिशन की वजह से उसे टी.वी. पर काम करने का पहला अवसर मिला—द ग्रीन हॉर्नेट से कैटो का रोल निभाने का।

"और आप अमेरिका में कॉलेज गए?"

"हाँ।" ब्रूस ने जवाब दिया।

"और आपने क्या किया है?"

"इ म्, फिलॉसफी।"

एक काला सूट व एक सफेद कमीज पहने और छोटी टाई गाँठ लगाकर पहने हुए ब्रूस शुरू-शुरू में कुछ घबराया हुआ लग रहा था। लेकिन उसे अपनी सामान्य स्थिति में आने में ज्यादा समय नहीं लगा। सवाल जैसे-जैसे उसकी विशेषज्ञता के दायरे में आने लगे, वैसे-वैसे उसका आत्मविश्वास भी बढ़ता गया।

1 फरवरी, 1965 को 24 वर्षीय ब्रूस ली लॉस एंजिल्स, कैलिफोर्निया में एक ऐसी टी.वी. सीरीज के लिए अपना पहला ऑडिशन (ध्वनि-परीक्षण) टेस्ट दे रहा था, जो कभी बननी नहीं थी। लेकिन उन्नीस माह बाद इसी ऑडिशन की वजह से उसे टी.वी. पर काम करने का पहला अवसर मिला—द ग्रीन हॉर्नेट से कैटो का रोल निभाने का।

"और आपने हांगकांग में मोशन पिक्चर्स (चलचित्रों) में काम किया?" इंटरव्यू लेनेवाले ने पूछा।

"हाँ, जब मैं छह वर्ष का था, तब से।"

"आपने आज ही पहले मुझे बताया था कि कराटे और जूजित्सु पूर्वदेशी युद्ध-कला के अत्यंत प्रभावशाली और सर्वोत्तम रूप नहीं हैं। तो सबसे

प्रभावशाली और सर्वश्रेष्ठ रूप कौन सा है ?''

''सर्वश्रेष्ठ कहना तो उचित नहीं होगा, लेकिन मेरे विचार में, कुंग फू बहुत अच्छा है।'' ब्रूस ने उत्तर दिया।

''तो ठीक है, कुंग फू के बारे में आप हमें कुछ बतलाएँ।''

''इसकी उत्पत्ति चीन में हुई और इसे कराटे तथा जूजित्सु का पूर्वज माना जाता है। यह अपने आप में एक संपूर्ण पद्धति है और यह अधिक तरल या प्रवाही है। मेरा मतलब है कि इसमें चेष्टा की निरंतरता है, न कि एक चेष्टा, दूसरी चेष्टा और फिर कुछ नहीं, विराम।''

''एक कुंग फू मुक्का और एक कराटे मुक्का में क्या फर्क है ?''

''कराटे मुक्का कोई लोहे की छड़ मारने जैसा है—व्हैक!'' वह एक पल रुका, फिर मुसकराया और बात को जारी रखते हुए कहा, ''एक कुंग फू मुक्का लोहे की उस जंजीर से मारने जैसा है, जिसके अंत में लोहे का एक गोला लगा होता है—व्हैंग! और यह मुक्का अंदर तक चोट देता है।''

सन् 1965 तक अमेरिका का युद्ध-कलाओं के बारे में अनुभव केवल जूडो और जूजित्सु तक सीमित था, जो उन जापानी कलाओं के जरिए देश में पाँव पसारने चली आई थीं, जिनका प्रशिक्षण कोरियाई युद्ध के दौरान सैनिकों को दिया गया था। ब्रूस स्वयं को चीनी युद्ध-कला का एक राजदूत मानता था।

सन् 1965 तक अमेरिका का युद्ध-कलाओं के बारे में अनुभव केवल जूडो और जूजित्सु तक सीमित था, जो उन जापानी कलाओं के जरिए देश में पाँव पसारने चली आई थीं, जिनका प्रशिक्षण कोरियाई युद्ध के दौरान सैनिकों को दिया गया था। ब्रूस स्वयं को चीनी युद्ध-कला का एक राजदूत मानता था।

कुंग फू में विशेषज्ञता के बावजूद उसका दर्शन-शास्त्र का अध्ययन उसे यह सोचने पर विवश कर रहा था कि युद्ध-शैली में पारंगत अधिकतर कलाकार चीनी हों या कोई और, इस विषय में अधिक गहराई से झाँकने

या युद्ध-कला की अंतिम सच्चाई तक पहुँचने की कोशिश के बजाय परंपरा को बचाए रखने के बारे में इतने अधिक आशंकित क्यों रहते हैं। उसने कुंग फू की अपनी ही पद्धति स्थापित की, जिसे वह गैर-शास्त्रीय (नॉन क्लासिकल) स्वरूप का कहता था और उसके मूल सिद्धांत थे—शारीरिक चेष्टा संबंधी किफायत, सादगी और सीधापन।

''उदाहरण के लिए, आप पत्र-पत्रिकाओं वगैरह में पढ़ते होंगे कि जब कोई आपको पकड़ ले तो आप कोई एक चीज करने से पहले पहला काम यह करेंगे, फिर वह करेंगे और फिर, फिर, फिर, हजारों चेष्टाएँ करेंगे।'' ब्रूस ने कहना जारी रखा, ''बेशक, इस प्रकार की पत्रिका आपको सिखाएगी कि आपके शत्रु आपसे भय खाएँगे तथा आपके मित्र आपकी प्रशंसा करेंगे आदि-आदि। लेकिन कुंग फू में गति या क्रिया हमेशा तेज रहती है। लक्ष्य यह नहीं है कि आप इधर-उधर पैर चलाते रहें, कूद-फाँद करते रहें और फिर छोड़ दें। सादगी से हमारा मतलब यही है। प्रहार करने और हर चीज में यही है। यह न्यूनतम चेष्टा पर आधारित होना चाहिए, जिससे कि हर चीज सीधे तौर पर एक चेष्टा की अभिव्यक्ति होगी और वह धावा बोल देता है। शानदार तरीके से न तो वह चीखता-चिल्लाता है और न सब जगह उछल-कूद करता है।''

लक्ष्य यह नहीं है कि आप इधर-उधर पैर चलाते रहें, कूद-फाँद करते रहें और फिर छोड़ दें। सादगी से हमारा मतलब यही है। प्रहार करने और हर चीज में यही है। यह न्यूनतम चेष्टा पर आधारित होना चाहिए, जिससे कि हर चीज सीधे तौर पर एक चेष्टा की अभिव्यक्ति होगी और वह धावा बोल देता है। शानदार तरीके से न तो वह चीखता-चिल्लाता है और न सब जगह उछल-कूद करता है।

कुंग फू में उसकी धारणा से प्रभावित होकर भेंटकर्ता ने फिर उससे कुंग फू की कुछ चेष्टाएँ या क्रियाएँ दिखाने के लिए कहा।

''हमें कुछ चालें दिखाएँ।'' भेंटकर्ता (इंटरव्यूअर) ने कहा।

''यद्यपि यह अकेले करके दिखाना मुश्किल है, फिर भी मैं भरसक

कोशिश करूँगा।'' ब्रूस ने जवाब दिया।

फिर एक वॉलंटियर आ जाता है और उसके सामने खड़ा हो जाता है, ताकि ब्रूस को अपनी चेष्टाएँ प्रदर्शित करने में सुविधा हो।

''मैं आगे बढ़ूँगा, हालाँकि अनेक दुर्घटनाएँ हो जाती हैं।'' ब्रूस ने अपनी चालें दिखाने से पहले कहा।

''प्रहार विभिन्न प्रकार के होते हैं। यह सब इस बात पर निर्भर करता है कि आप किस हथियार का इस्तेमाल करेंगे।'' उसने कुंग फू की एक मुद्रा लेते हुए कहा।

''आँखों की ओर आप उँगलियों का प्रयोग करेंगे।'' उसने आगे कहा। उसने वॉलंटियर से कहा कि चिंता न करें, क्योंकि वह इस बात का पूरा ध्यान रखेगा कि उसे चोट न लगे।

''कमर से सीधे चेहरे पर और फिर मारा-मारी।'' उसने अपना मुक्का वॉलंटियर के चेहरे की ओर लक्ष्य करते हुए बताया।

''हमें उस तरफ चलना चाहिए। इस ओर, ताकि लगे कि आप जो कुछ करते हैं, कैमरे में कर रहे हैं।'' भेंटकर्ता ने बीच में टोका।

''फिर पेन आर्म आक्रमण होता है, जिसमें कमर का प्रयोग उलटे मुक्के में किया जाता है।'' ब्रूस ने कहना जारी रखा, ''आप जानते हैं, कुंग फू बहुत झेंपू है। चीनी लोग हमेशा नीचे मारते हैं—ऊपर से नीचे, उरुमूल या गुडक में मारते हैं।''

उसकी सभी चेष्टाएँ कमरे में मौजूद दर्शकों के लिए विदेशागत थीं और इस तथ्य के बावजूद कि ब्रूस ने उन्हें सामान्य गति से कम गति के साथ प्रदर्शित किया, बहुत बार वे अदृष्ट रह गईं।

□

जीत कुने डू

फरवरी 1967 तक अमेरिका में ब्रूस के तीन कुंग फू स्कूल चल रहे थे। ये स्कूल सिएटल, ऑकलैंड और लॉस एंजिल्स में स्थित थे। अपने इन स्कूलों में सिखाने के लिए उसके पास इस निहत्थे द्वंद्व युद्ध की निर्णायक सच्चाई में अपनी छानबीन के आधार पर युद्ध-कला के संबंध में अपनी ही विशद व्याख्या थी। फिर भी, इस समय तक ब्रूस इन युद्ध-कलाओं में अंतर्निहित उन परंपराओं व सीमितताओं का सार्वजनिक आलोचक बना हुआ था, जिन्हें उसने भोगा था। जिस रूप में विश्व भर में उन्हें स्कूलों में पढ़ाया-सिखाया जाता था, उसने पाया कि उनमें वास्तव में मूल सिद्धांतों की शिक्षा का अभाव है और केवल अभ्यासगत आत्म-रक्षा संबंधी नित्य चर्या से काम चलाया जा रहा है, जिसका स्वरूप पहले से पता होता है। अपने अनुभव से वह समझ गया कि वास्तविक भिड़ंत स्वत: स्फूर्त होती है, न कि वह, जिसका पूर्वाभ्यास किया गया हो। वह समझ गया कि सिखाई जा रही युद्ध-कला का यह स्वरूप ऐसे अनियमित एवं भग्न लय-ताल से बना है, जिसका पूर्वानुमान कोई सामरिक कलाकार नहीं कर सकता। वह केवल उसका उत्तर दे सकता है। वास्तव में, उसके समय में कराटे टूर्नामेंट भी गैर-संस्पर्शी हुआ करते थे। अधिकतर मुकाबलों का निर्णय पछाड़ देनेवाले प्रहारों (नॉक आउट्स) के आधार पर नहीं, बल्कि उन मुक्कों के लिए दिए गए कुल अंकों के आधार पर किया जाता था, जो मुक्के विरोध को कभी छूते भी नहीं थे। जीत का फैसला निर्णायकों की एक टोली द्वारा किया जाता था। निर्णय इस धारणा के आधार

पर किया जाता था कि यदि संस्पर्श करने दिया जाता तो किस योद्धा ने दूसरे योद्धा को सबसे अधिक चोट दी होती। ब्रूस के विचार में, ये शैलियाँ किसी काम की नहीं थीं। ऐसे छद्म मुकाबलों को वह संगठित निराशा तथा शुष्क भूमि पर तैराकी करना कहता था। वह कला के रूप का इतना आलोचक क्यों था, इसका कारण हांगकांग में उसकी पृष्ठभूमि में खोजा जा सकता है, जहाँ वह अकसर इतनी नियमबद्ध कराटे प्रतिस्पर्धाओं में नहीं, बल्कि नियम-रहित खुले मुकाबलों तथा चुनौती स्पर्धाओं में शामिल हुआ करता था। हांगकांग में ये लड़ाइयाँ और मुकाबले छतों के ऊपर लड़े जाते थे। जैसा कि पूर्ववर्ती अध्यायों में उल्लेख किया जा चुका है, ब्रूस ने उन विरोधियों से भी बारंबार मुकाबला किया था, जिनके पास चाकू लगी जंजीरें तथा अन्य घातक हथियार होते थे। ऐसी मुठभेड़ों में रेफरी या निर्णायकों की बिरले ही जरूरत पड़ती थी। ऐसी परंपरागत कराटे प्रतिस्पर्धाओं में भाग लेने के बजाय वह निःशस्त्र लड़ने की और कोई अधिक वैज्ञानिक शैली विकसित करने में समय लगाना बेहतर समझता था। उसकी यह खोज उसे न्यूटन के भौतिक विज्ञान और यूरोपियन पटेबाजी तथा पश्चिमी मुक्केबाजी के तरीकों व सिद्धांतों तक ले गई, जो परंपरागत चीनी युद्ध-कलाओं के विपरीत प्रवीणता-प्रेरित थे। इस खोज से उसे यह समझने में मदद मिली कि किसी भी लड़ाकू तकनीक के महत्त्व की एकमात्र कसौटी यही है कि क्या इसे किसी विरोधी पर कारगर ढंग से लागू किया जा सकता है? जो कुछ भी बना-गढ़ा हुआ था, उसने अपनी शैली से उसे निकाल दिया और उन्हीं तकनीकों को रहने दिया, जिन्हें उसने स्वयं किसी वास्तविक आत्म-रक्षा की स्थिति में प्रयोग करना निश्चित किया था।

हांगकांग में ये लड़ाइयाँ और मुकाबले छतों के ऊपर लड़े जाते थे। जैसा कि पूर्ववर्ती अध्यायों में उल्लेख किया जा चुका है, ब्रूस ने उन विरोधियों से भी बारंबार मुकाबला किया था, जिनके पास चाकू लगी जंजीरें तथा अन्य घातक हथियार होते थे। ऐसी मुठभेड़ों में रेफरी या निर्णायकों की बिरले ही जरूरत पड़ती थी।

वह विश्व में शायद पहला सामरिक कलाकार था, जिसने अपने विद्यार्थियों को मुक्केबाजी के दस्ताने, टोप एवं देह-रक्षक पहनने और निकालकर रखने के लिए कहा। इस प्रथा ने लड़ने की आधुनिक मिश्रित युद्ध-कला शैली की नींव रखी। कुछ भी पूर्वयोजित या योजनाबद्ध नहीं होता था। कोई मुक्के नहीं चलाए जाते थे और पूर्ण संस्पर्श वास्तविकता आधारित युद्ध-कला उसकी कक्षाओं में सिखाई जाती थी। सन् 1967 में उसने लॉन्ग बीच, कैलिफोर्निया में आयोजित अंतरराष्ट्रीय कराटे टूर्नामेंट में एक पूर्ण संस्पर्शी गुत्थमगुत्था की धारणा प्रस्तुत की। वास्तविकता पर आधारित उसकी नई पद्धति में रक्षात्मक चेष्टाओं पर जोर नहीं था, या इसने लड़ाई में शत्रु को मुकाबले की गति और तान निश्चित करने दी होती। इसके बजाय उसने अपनी नई शैली में आक्रमण पर अथवा विरोधी के आक्रमण को अपने खुद के एक आक्रमण से रोक देने पर विशेष रूप से ध्यान केंद्रित किया। वर्ष 1967 के मध्य ग्रीष्मकाल तक उसने निर्णय कर लिया था कि युद्ध-कला संबंधी उसकी नई शैली की सर्वाधिक अनिवार्य विशेषता मध्यस्थता का सिद्धांत होगा। चूँकि रक्षाहीन भिड़ंत के लिए 'कैंटोनीज' शब्द को आमतौर पर एक मुक्के के निशान द्वारा व्यक्त किया जाता है, उसने अपने इस नए दृष्टिकोण को 'जीत कुने डू' नाम देना निश्चित किया।

> *जो कुछ भी बना-गढ़ा हुआ था, उसने अपनी शैली से उसे निकाल दिया और उन्हीं तकनीकों को रहने दिया, जिन्हें उसने स्वयं किसी वास्तविक आत्म-रक्षा की स्थिति में प्रयोग करना निश्चित किया था। वह विश्व में शायद पहला सामरिक कलाकार था, जिसने अपने विद्यार्थियों को मुक्केबाजी के दस्ताने, टोप एवं देह-रक्षक पहनने और निकालकर रखने के लिए कहा।*

ब्रूस अपनी पुस्तक 'ताओ ऑफ जीत कुने डू' में कहता है—''सुरक्षा के लिए असीमित जीवन को कुछ-कुछ मरे हुए अथवा निर्जीव में बदल दिया जाता है—एक चुना हुआ साँचा, जो सीमा बाँध देता है। जीत कुने डू को समझने के लिए व्यक्ति को सभी आदर्शों, प्रतिमानों व शैलियों को फेंक

देना चाहिए। वास्तव में, उसे यह धारणा भी निकाल देनी चाहिए कि जीत कुने डू में क्या अभीष्ट है या क्या अभीष्ट नहीं है। क्या आप इसे दिए बिना किसी स्थिति की कल्पना कर सकते हैं? इसे नाम देना या कोई शब्द देना भय उत्पन्न करता है।

जीत कुने डू या जेकेडी एकमात्र गैर-परंपरागत कुंग फू पद्धति है, जो आज भी अस्तित्व में है। जीत कुने डू की उत्पत्ति ब्रूस ली की इस धारणा से हुई है कि विंग चुन कुंग फू, अमेरिकी मुक्केबाजी, फ्रांस की पटेबाजी से सर्वोत्तम को लिया जाए और फिर उन्हें साथ में मिलाकर निर्णायक युद्ध-कला का रूप देने का प्रयास किया जाए। यह तभी संभव है, जब मौलिक युद्ध कलाकार से सीखें। यह शैली अभी विकासशील अवस्था में थी, जब ब्रूस का निधन हुआ। यह शैली अन्य परंपरागत युद्ध-कलाओं से भिन्न है, क्योंकि ब्रूस ने इस शैली को विकसित करने में अपने व्यक्तिगत अनुभवों तथा अपनी बुद्धि का प्रयोग किया, जिसे आज आप आत्म-रक्षा का सर्वाधिक लोकप्रिय तरीका कह सकते हैं। जीत कुने डू को कई बार मिश्रित 'सामरिक कला' (Martial Arts) भी कहा जाता है।

जीत कुने डू या जेकेडी एकमात्र गैर-परंपरागत कुंग फू पद्धति है, जो आज भी अस्तित्व में है। जीत कुने डू की उत्पत्ति ब्रूस ली की इस धारणा से हुई है कि विंग चुन कुंग फू, अमेरिकी मुक्केबाजी, फ्रांस की पटेबाजी से सर्वोत्तम को लिया जाए और फिर उन्हें साथ में मिलाकर निर्णायक युद्ध-कला का रूप देने का प्रयास किया जाए। यह तभी संभव है, जब मौलिक युद्ध कलाकार से सीखें। यह शैली अभी विकासशील अवस्था में थी, जब ब्रूस का निधन हुआ।

ब्रूस का विचार था कि आत्म-रक्षा का कोई भी कारगर तरीका सरल होना चाहिए। युद्ध करने के विभिन्न रूपों के बारे में अपनी खोज से उसने जाना कि आक्रमण के किसी एक रूप से निपटने के लिए अधिकतर युद्ध-कलाओं में अनेक प्रकार की प्रतिक्रियाएँ हैं। इसके अलावा उसने यह भी

साबित किया कि किसी एक विशेष प्रकार के मुष्टि-प्रहार से निपटने के लिए कुछ युद्ध-कलाओं में बीस से अधिक तरीके मौजूद हैं। असल लड़ाई के दौरान यह बात अकसर उलझन में डाल देती थी। फिर उसने एक सरल व सीधे समाधान के साथ एक शैली विकसित करने पर काम शुरू कर दिया। यही कारण है कि उसे आक्रमण को रोकने के साथ-ही-साथ आक्रमण करने का विचार पसंद था, क्योंकि इसने किसी आक्रमण का प्रतिकार करना आसान बना दिया। इस योजना के बारे में उसे सबसे पहले विंग चुन की परंपरागत शैली में पता चला और फिर उसने इस विचार या योजना को 'प्रहार रोकने' (स्टॉप हिटिंग) की योजना के साथ जोड़ने का काम किया। यह एक प्रत्याक्रमण तकनीक है, जो पाश्चात्य पटेबाजी की दुनिया में पाई जाती है। इसका अभ्यास करनेवाले को आक्रमण की मुद्रा में अपना मुख्य हाथ आगे रखना होता है। अपने शक्तिशाली हाथ व पाँव को आगे बढ़ाकर आक्रमण की मुद्रा में खड़े रहते हुए ब्रूस ने महसूस किया कि वह तलवार के बिना पाश्चात्य पटेबाजी कर सकता है। अतः उसने प्रहार रोकने संबंधी विचार को खाली हाथ वाली पद्धति में लागू किया। ब्रूस समझ गया कि विरोधी के आक्रमण को रोकने का सबसे अच्छा तरीका यही है कि विरोधी के प्रहार को वह अपने सशक्त हाथ-पाँव द्वारा एक प्रत्याक्रमण से बीच में रोक दे। अतः सन् 1967 में उसने अपनी इस युद्ध-कला को 'जीत कुने डू' नाम दिया, जिसका अर्थ है—मुष्टि-प्रहार को बीच में रोकने का तरीका।

□

ग्रीन हॉर्नेट

एक चीनी जासूसी टी.वी. धारावाहिक में एक भूमिका के लिए उसके पहले स्क्रीन टेस्ट के एक सप्ताह बाद उसके पिता की मृत्यु के समाचार ने उसे गहरे शोक में डुबो दिया। उसे विमान द्वारा तत्काल हांगकांग जाना था, जबकि लिंडा का जाना संभव नहीं हो सका। उस मुरदाघर, जहाँ उसके पिता का शव रखा हुआ था, में पहुँचकर उसके पाँव जम-से गए। अपने पिता के ताबूत के पास तक जाने के लिए उसे पूरा जोर लगाना पड़ा। परंपरानुसार उस पुत्र को प्रायश्चित्त करना पड़ता है, जो अपने पिता की मृत्यु के समय पिता के समीप न रहा हो। आप यह मान सकते हैं कि शायद उसकी शोकार्त गहरी सिसकियों ने परंपरा की अपेक्षाओं को संतुष्ट कर दिया होगा।

दो सप्ताह बाद ब्रूस ऑकलैंड वापस आ गया। ऑकलैंड में आने के एक दिन बाद ही उसे विलियम डोजियर का फोन आया, जिसने उसे सूचित किया कि जिस टी.वी. धारावाहिक के लिए उसने ऑडिशन दिया था, उसे ठंडे बस्ते में डाल दिया गया है; लेकिन उसके अत्युत्तम ऑडिशन को देखते हुए उसे 'ग्रीन हॉर्नेट' नामक एक धारावाहिक में दूसरी भूमिका के लिए चुन लिया गया है।

मई 1965 में ब्रूस और लिंडा अपने नवजात शिशु के साथ हांगकांग जाने के लिए विमान में सवार हुए। उसे हांगकांग में अपने पिता की भू-संपत्ति पर कुछ विवादों को निपटाना था। उस देश की यात्रा लिंडा के लिए इतनी कठिन साबित होगी, यह उसने सोचा भी नहीं था। पहले तो वहाँ का उमस

भरा मौसम बच्चे के लिए बड़ी परेशानी का सबब बना और अंततः लिंडा के लिए भी। कभी-कभी बच्चा घंटों तक रोता रहता। उसकी माँ रातों को भी सो नहीं पाती थी। इसके अलावा, उसके और ससुरालवालों के बीच भाषा की भी समस्या थी। दोनों तरफ से खान-पान में पल्ले दर्जे का अंतर एक बड़ी समस्या थी। संक्षेप में, लिंडा को हांगकांग में रहते हुए जो सांस्कृतिक सदमा लगा, उसके लिए वह तैयार नहीं थी।

जब तक वे हांगकांग में रहे, उस दौरान ब्रूस ने अमेरिका में 'ग्रीन हॉर्नेट' के निर्माताओं के साथ निरंतर संपर्क बनाए रखा। वह फोन करके पूछता रहता था कि शूटिंग कब शुरू होने जा रही है। हांगकांग में रहते उसकी यिपमैन से भी मिलने की योजना थी। उसे यिपमैन से कोई सहायता चाहिए थी।

वह यिपमैन को कुंग फू के करतब दिखाते हुए कैमरे में कैद करना चाहता था, ताकि वापस अमेरिका पहुँचकर अपने शिष्यों को यिपमैन के प्रदर्शन की फिल्म दिखा सके। लेकिन यिपमैन ने किसी भी दूसरे रूढ़िवादी गुरु की तरह फिल्म बनवाने से मना कर दिया। वह बहुत निराश हुआ और यिपमैन से इस प्रकार के अपकार की अपेक्षा करने पर स्वयं को कोसता हुआ घर लौट आया।

वह यिपमैन को कुंग फू के करतब दिखाते हुए कैमरे में कैद करना चाहता था, ताकि वापस अमेरिका पहुँचकर अपने शिष्यों को यिपमैन के प्रदर्शन की फिल्म दिखा सके। लेकिन यिपमैन ने किसी भी दूसरे रूढ़िवादी गुरु की तरह फिल्म बनवाने से मना कर दिया। वह बहुत निराश हुआ और यिपमैन से इस प्रकार के अपकार की अपेक्षा करने पर स्वयं को कोसता हुआ घर लौट आया।

चार माह बाद वह कुछ समय लिंडा के परिवार के साथ रहने के लिए सिएटल वापस आ गया। फिलहाल वह खाली बैठा फोन आने का इंतजार करता रहा। इसके अलावा, उसने इस खाली समय का उपयोग प्राच्य संसार के आध्यात्मिक गुरुओं और नए व पुराने लोक के कई ऋषि-मुनियों के दर्शन-शास्त्रों का अध्ययन करने में किया। उसने जितने भी विचारकों का

अध्ययन किया, उनमें से बुद्ध, लाओत्से और कृष्णमूर्ति के विचारों ने उसे सबसे अधिक प्रभावित किया। बहुत-बहुत देर तक पढ़ते रहने से उसे पीठ का दर्द सताने लगा।

एक दिन उसका इंतजार पराकाष्ठा पर पहुँच गया। विलियम डोजियर ने उसे फोन करके बताया कि शूटिंग तीन माह के अंदर शुरू होने वाली है। मार्च 1966 में वह लिंडा के साथ लॉस एंजिल्स में एक छोटे से फ्लैट में रहने आ गया।

उसे 'ग्रीन हॉर्नेट' की प्रत्येक कड़ी के लिए 400 डॉलर मिलने थे।

वर्ष 1930 के उत्तरार्ध में 'ग्रीन हॉर्नेट' एक रेडियो कार्यक्रम के रूप में आरंभ हुआ और 1950 के दशक के आरंभिक काल तक जारी रहा। यह एक काल्पनिक पात्र है। अपराधों से लड़नेवाला एक अज्ञात योद्धा, जिसे जॉर्ज डब्ल्यू. ट्रेंडल एवं फ्रान स्टाइकर की कल्पना ने जन्म दिया और रेडियो निदेशक जेम्स ज्वैल ने जिसके लिए पृष्ठभूमि तैयार की। इस कार्यक्रम प्रसारण डेट्रॉइट में डब्ल्यू.एक्स.वाई.जेड., म्यूचुअल नेटवर्क और एन.बी.सी. ब्लू पर सन् 1936 में आरंभ हुआ। जॉर्ज डब्ल्यू. ट्रेंडल और फ्रान स्ट्राइकर की जोड़ी ने पहले भी 'लोन रेंजर' नामक रेडियो सीरीज में काम किया था। 'ग्रीन हॉर्नेट' की रेडियो सीरीज को क्रमशः अल हॉज, डोनोवान फॉस्ट, रॉबर्ट हाल एवं जैक मैकार्थी द्वारा डब किया गया था। संकेत धुन थी 'फ्लाइट ऑफ द बम्बलबी' और पृष्ठभूमि में भिन्न-भिन्न प्रकार के शोर अलग से जोड़े गए थे।

वर्ष 1930 के उत्तरार्ध में 'ग्रीन हॉर्नेट' एक रेडियो कार्यक्रम के रूप में आरंभ हुआ और 1950 के दशक के आरंभिक काल तक जारी रहा। यह एक काल्पनिक पात्र है। अपराधों से लड़नेवाला एक अज्ञात योद्धा, जिसे जॉर्ज डब्ल्यू. ट्रेंडल एवं फ्रान स्टाइकर की कल्पना ने जन्म दिया और रेडियो निदेशक जेम्स ज्वैल ने जिसके लिए पृष्ठभूमि तैयार की। इस कार्यक्रम प्रसारण डेट्रॉइट में डब्ल्यू.एक्स.वाई.जेड., म्यूचुअल नेटवर्क और एन.बी.सी. ब्लू पर सन् 1936 में आरंभ हुआ।

'ग्रीन हॉर्नेट' अपने जोड़ीदार कैटो के साथ शहर में अपराधों से लड़ने के लिए युद्ध-कला तथा भिन्न-भिन्न हथियारों का इस्तेमाल करता है, जैसे कि गैस की बंदूकें आदि। वे अपनी कार, जिसे वे 'ब्लैक ब्यूटी' कहते हैं, में नगर भर में घूमते रहते हैं। पहले प्रस्तुत किए गए रेडियो कार्यक्रम में कैटो को एक जापानी युद्ध कलाकार बताया गया था, लेकिन बाद में पर्ल हॉर्बर पर आक्रमण के पश्चात् उसका नाम बदलकर 'फिलिपिनो' कर दिया गया। रेडियो पर कैटो की भूमिका पहले-पहल रेमंड हायाशी ने निभाई थी, फिर रॉलैंड पार्कर ने और बाद के वर्षों में माइकी टॉलन तथा पॉल कारनेगी ने। सन् 1966 में टेलीविजन सीरीज में उसका रोल ब्रूस ली ने अदा किया।

'ग्रीन हॉर्नेट' अपने जोड़ीदार कैटो के साथ शहर में अपराधों से लड़ने के लिए युद्ध-कला तथा भिन्न-भिन्न हथियारों का इस्तेमाल करता है, जैसे कि गैस की बंदूकें आदि। वे अपनी कार, जिसे वे 'ब्लैक ब्यूटी' कहते हैं, में नगर भर में घूमते रहते हैं। पहले प्रस्तुत किए गए रेडियो कार्यक्रम में कैटो को एक जापानी युद्ध कलाकार बताया गया था, लेकिन बाद में पर्ल हॉर्बर पर आक्रमण के पश्चात् उसका नाम बदलकर 'फिलिपिनो' कर दिया गया।

कैटो के रोल में ब्रूस को उतारने से यह टी.वी. धारावाहिक अमेरिका और हांगकांग में बहुत लोकप्रिय हुआ, जहाँ इसे 'कैटो शो' कहा जाने लगा था। कैटो के अभिनय ने कुंग फू को पश्चिम में पॉप संस्कृति की मुख्यधारा में लोक-प्रसिद्ध बना दिया। इस सीरीज में 'ग्रीन हॉर्नेट' की मुख्य भूमिका वैन विलियम्स ने निभाई। छब्बीस कड़ियों के एक सीजन के बाद इस धारावाहिक का प्रसारण बंद कर दिया गया। हालाँकि यह इसी नाम से सन् 1930 के दशक के रेडियो कार्यक्रम पर आधारित था, फिर भी टेलीविजन पर प्रस्तुत यह सीरीज अनेक पहलुओं में उससे भिन्न थी। उदाहरण के तौर पर, टी.वी. सीरीज में कैटो, जिसका रोल ब्रूस ने अदा किया, हरी आस्तीनों को बरछे की तरह एक वैकल्पिक आक्रमण के रूप में इस्तेमाल करता है, विशेषकर उन परिस्थितियों के लिए, जिनमें

हाथोंहाथ द्वंद्व युद्ध या तो विकराल अथवा भयंकर होता है या बहुत जोखिम भरा। इस शृंखला का एक सर्वाधिक लोकप्रिय प्रसंग वह था, जिसमें कैटो और रॉबिन एक-दूसरे से लड़ते हुए दिखाए गए हैं। नतीजा बराबर रहता है। इस सीरीज ने अनेक हास्य पुस्तकों को प्रेरित किया है और इस पर फिल्में भी बनी हैं, जिसके फलस्वरूप 'ग्रीन हॉर्नेट' हास्य जगत् की मुख्यधारा का एक हिस्सा बन गया।

ब्रूस के लिए 'ग्रीन हॉर्नेट' टेलीविजन के परदे पर काम करने के पहले अवसर से कहीं अधिक मायने रखता था। इस कार्यक्रम के जरिए उसे विश्व के सामने अपनी प्रतिभा दरशाने का मौका मिला। अपने जीवन में पहली बार उसे इतनी बड़ी संख्या में दर्शकों को वह सब दिखाने का अवसर प्राप्त हुआ, जिसका अभ्यास वह जीवन भर करता रहा। इस धारावाहिक ने कुंग फू और ब्रूस ली का नाम हांगकांग तथा अमेरिका के घर-घर में मशहूर कर दिया और किसी को भी इसका अनुमान नहीं था कि आनेवाले वर्षों में कुंग फू एवं ब्रूस ली दोनों एक-दूसरे का पर्याय बन जाएँगे कि एक-दूसरे की संगति में सारे अवरोधों को तोड़ते हुए वे नई ऊँचाइयों पर जा पहुँचेंगे।

□

हॉलीवुड से मुलाकात का वादा

फरवरी 1967 में ब्रूस ने लॉस एंजिल्स जिले के चाइना टाउन में 628 कॉलेज स्ट्रीट पर अपना तीसरा कुंग फू ट्रेनिंग स्कूल खोला। यह मशहूर डॉजर स्टेडियम से कुछ ही ब्लॉक दूर था। उसे अपने स्कूलों में पूर्ण एकांत पसंद था। अतः उसने खिड़कियों को काला रंग दिया और कक्षा को दूर एक कोने में ले गया, जिससे कि उस पर किसी का ध्यान न जाए। वह एक छत के नीचे 50 से अधिक छात्रों को सिखाता था और छात्रों की संख्या दिन-प्रतिदिन बढ़ने लगी थी। उसके लिए सभी छात्रों को एक साथ पढ़ाना मुश्किल हो रहा था। उसे मदद की जरूरत थी, अतः उसने डैन इनोसैंटो को अपना सहायक नियुक्त कर दिया। फिर उसने स्कूल के लिए सदस्यता उन लोगों तक सीमित कर दी, जिन्होंने युद्ध कलाकार का प्रशिक्षण पहले प्राप्त किया हुआ था और जो अपनी प्रतिभा का परिचय दे चुके थे।

प्रशिक्षण के दौरान ब्रूस ने अपने व्यक्तित्व के भिन्न-भिन्न पहलू दिखलाए। अगर एक समय वह तनाव-मुक्त व शांत नजर आता तो दूसरे समय उसके व्यवहार में तनाव और सख्ती के दर्शन होते। वह स्थिति की माँग के अनुसार अपना मिजाज बदल लेता। एक समय तो ऐसा आया, जब उसके और छात्रों के बीच बातचीत अत्यधिक अनौपचारिक एवं अनुशासनहीन हो गई तो उसे अपेक्षित उपाय करने पर विचार करना पड़ा। उसने अपने छात्रों से कहा कि वे सीधे-सीधे उसका नाम लेने के बजाय उसके प्रति कुछ आदर दरशाएँ और उसे 'साइफू' कहा करें, क्योंकि चीनी भाषा में गुरु के लिए इसी शब्द का प्रयोग किया जाता है।

जिन दिनों वह यिपमैन के साथ अभ्यास कर रहा था, यिपमैन ने महीनों तक उसके धैर्य और समर्पण की परीक्षा ली। उसके विपरीत, ब्रूस ने पाया कि इस प्रकार का अभ्यास न केवल निरर्थक है, बल्कि अनावश्यक भी है। उसने इसे वास्तविकता से दूर पाया। वह कुंग फू की परंपरागत शिक्षण शैली से अलग होने की निरंतर कोशिश कर रहा था, जबकि उसी शैली के अंतर्गत उसने खुद प्रशिक्षण पाया था।

वह व्यक्तिगत स्वास्थ्य पर बहुत अधिक बल देता था और इसी कारण उसने प्रत्येक छात्र की आवश्यकताओं के अनुसार एक स्वास्थ्य कार्यक्रम बनाया। लेकिन उसका अपना चिड़चिड़ापन उसके प्रशिक्षण और शिक्षण में सबसे बड़ी अड़चन बनने लगा था। वह बहुधा अपने ही छात्रों से लड़ाई में उलझ जाता था। छात्रों को खासी बुरी चोट लग जाती थी। उसके मित्र और सहायक डैन इनोसैंटो के शब्दों में यदि ब्रूस में कोई कमी थी तो उसके लिए उसका उग्र स्वभाव जिम्मेदार था।

लेकिन उसका क्रोध ज्यादा समय तक नहीं टिकता था। जितनी जल्दी उसे गुस्सा आता था, उतनी ही जल्दी चला भी जाता था। जहाँ तक उसके स्वभाव के दूसरे पहलू का संबंध है, वह कभी-कभी बहुत दया एवं सहानुभूति भी प्रकट करता था। एक बार उसने डैन को वह कीमती भार-सेट (Set of Weights) खरीद कर दिया, जिसे उसने कभी अपने लिए पसंद किया था, लेकिन खरीद नहीं सका था।

वह व्यक्तिगत स्वास्थ्य पर बहुत अधिक बल देता था और इसी कारण उसने प्रत्येक छात्र की आवश्यकताओं के अनुसार एक स्वास्थ्य कार्यक्रम बनाया। लेकिन उसका अपना चिड़चिड़ापन उसके प्रशिक्षण और शिक्षण में सबसे बड़ी अड़चन बनने लगा था। वह बहुधा अपने ही छात्रों से लड़ाई में उलझ जाता था। छात्रों को खासी बुरी चोट लग जाती थी। उसके मित्र और सहायक डैन इनोसैंटो के शब्दों में यदि ब्रूस में कोई कमी थी तो उसके लिए उसका उग्र स्वभाव जिम्मेदार था।

अतीत ने स्वयं को दोहराया। जैसा कि ऑकलैंड में हुआ था, यहाँ लॉस एंजिल्स में भी दो स्थानीय युद्ध कलाकारों ने लड़ने के लिए ब्रूस को फिर चुनौती दी। ऐसे मुकाबलों से अपने पिछले अनुभव से सबक लेकर इस बार वह उनके झाँसे में नहीं आया और बड़ी चतुराई से उनकी चुनौती को अस्वीकार कर दिया।

अपनी आमदनी में कमी को पूरा करने के उद्देश्य से उसने 50 डॉलर प्रति घंटा की दर से प्राइवेट ट्यूशन देना शुरू कर दिया। अब वह हॉलीवुड में कुछ बड़े नामी-गिरामी लोगों को वैयक्तिक शिक्षण, अर्थात् प्राइवेट ट्यूशन देने लगा था। उसके शिष्यों की सूची में स्टीव मैकक्वीन और जिम्मी कॉबर्न जैसे बड़े-बड़े सितारों के नाम थे। ब्रूस ली के अनुभवी परामर्श के अंतर्गत कराटे जगत् की अनेक बड़ी हस्तियों ने भी प्रशिक्षण प्राप्त किया था।

अपनी आमदनी में कमी को पूरा करने के उद्देश्य से उसने 50 डॉलर प्रति घंटा की दर से प्राइवेट ट्यूशन देना शुरू कर दिया। अब वह हॉलीवुड में कुछ बड़े नामी-गिरामी लोगों को वैयक्तिक शिक्षण, अर्थात् प्राइवेट ट्यूशन देने लगा था। उसके शिष्यों की सूची में स्टीव मैकक्वीन और जिम्मी कॉबर्न जैसे बड़े-बड़े सितारों के नाम थे। ब्रूस ली के अनुभवी परामर्श के अंतर्गत कराटे जगत् की अनेक बड़ी हस्तियों ने भी प्रशिक्षण प्राप्त किया था।

कराटे के साथ ब्रूस की भेंट का एक लंबा इतिहास है। कराटे को अमेरिका में उन भूतपूर्व सैनिकों ने लोकप्रिय बनाया, जो दूसरे विश्व युद्ध और कोरियाई युद्ध के दौरान क्रमशः जापान तथा कोरिया में तैनात थे। वर्ष 1960 के दशक में एड पार्कर ने जन-सामान्य को इससे परिचित करवाया। पार्कर ने ही लॉन्ग बीच टूर्नामेंट का आयोजन किया था, जहाँ ब्रूस ने कुंग फू का मंत्रमुग्ध कर देनेवाला प्रदर्शन दिया था। लेकिन कराटे की दुनिया में परिस्थितियाँ तेजी से बदल रही थीं। अमेरिका के कराटे समुदाय में सबसे प्रसिद्ध व्यक्ति चक नॉरिस ने जापानी पद-प्रहार और कोरियाई मुक्केबाजी शैलियों को अपनी शैली में समाविष्ट करके जापानी व कोरियाई कलाओं को मिलाने में सफलता पाई थी। इसका

मतलब था कि ब्रूस को भी अपने क्षेत्र में तेजी से आगे बढ़ाना था।

ब्रूस एक प्रशिक्षक होने के साथ-साथ एक अत्युत्सुक पाठक भी था। उसके पुस्तकालय में पुस्तकों का बड़ा भंडार था। अधिकतर पुस्तकें किसी-न-किसी युद्ध शैली के बारे में थीं। मुक्केबाजी पुस्तिका/नियमावली से लेकर कराटे पत्रिकाओं तक सबकुछ उसके संग्रह में था। लड़ाई से संबंधित कोई भी पुस्तक क्यों न हो, उसके पुस्तकालय में पहुँच ही जाती थी। पुस्तकों का वह बहुत सम्मान करता था और उन्हें ज्ञान का खजाना मानता था। युद्ध संबंधी पुस्तकों के अलावा उसके पास तीरंदाजी बैले और नृत्य पर भी पुस्तकें थीं। दर्शन-शास्त्र में उसकी व्यापक रुचि थी, जो उसके पुस्तक संग्रह से पता चलता है। उसने कन्फ्यूशियस और लाओत्से जैसे चीनी विचारकों का अध्ययन किया। उसके पुस्तकालय में कृष्णमूर्ति और खलील जिब्रान की पुस्तकें भी थीं। उसके पास पहले की कुछ बड़ी लड़ाइयों, मुक्केबाजी मुकाबलों का वीडियो संग्रह भी था। उसका पसंदीदा मुक्केबाजी मुकाबला वह था, जो 26 सितंबर, 1951 को विली पेप और सैंडी सैडलर के बीच हुआ था। वह मुहम्मद अली का एक बड़ा प्रशंसक था। बहुत बार शीशे में देखकर वह उसके मुक्कों की नकल किया करता था।

ब्रूस एक प्रशिक्षक होने के साथ-साथ एक अत्युत्सुक पाठक भी था। उसके पुस्तकालय में पुस्तकों का बड़ा भंडार था। अधिकतर पुस्तकें किसी-न-किसी युद्ध शैली के बारे में थीं। मुक्केबाजी पुस्तिका/नियमावली से लेकर कराटे पत्रिकाओं तक सबकुछ उसके संग्रह में था। लड़ाई से संबंधित कोई भी पुस्तक क्यों न हो, उसके पुस्तकालय में पहुँच ही जाती थी। पुस्तकों का वह बहुत सम्मान करता था और उन्हें ज्ञान का खजाना मानता था।

उसे एक शिक्षक के रूप में जानना एक बात थी और एक मित्र के रूप में जानना अलग था। फिर भी, दोनों भूमिकाओं में उसके व्यक्तित्व से जुड़ी एक मोहकता थी, एक प्रकार का मुग्धकारी जादू था। उसके छात्रों में अमेरिकी कराटे समाज के कुछ शीर्षस्थ नाम शामिल थे। उसके अधीन प्रशिक्षण आरंभ

करने से पहले ही वे सब महान् योद्धा के रूप में नाम कमा चुके थे। अपने कराटे छात्रों के बीच बड़ा सम्मान पाने के बावजूद कुंग फू समाज में उसे तिरस्कार की दृष्टि से देखा जाता था और अबोध समझा जाता था। देश में परंपरागत युद्ध-कला समुदाय उसे एक बाजारू लड़ाके से अधिक कुछ नहीं मानता था। लेकिन उनके विचारों का उस पर कोई असर नहीं पड़ता था। वह अपने प्रशिक्षण के दौरान कुंग फू के परंपरागत मानदंडों और नियमों का बराबर विरोध करता रहा।

ब्रूस ली अपने प्रशिक्षण सत्रों को यथासंभव एक वास्तविक लड़ाई जैसा दृश्य प्रस्तुत करने का प्रयास करता था। वह वही सिखाता था, जो लड़ाई जीतने के लिए आवश्यक है। उसने केवल उन्हीं मुक्कों व पद-प्रहारों का प्रयोग किया, जिन्हें किसी वास्तविक लड़ाई के लिए पर्याप्त रूप से कारगर समझा जाता था। अनेक कुंग फू उस्तादों ने उसकी तकनीकों को बचकाना बताकर खारिज कर दिया। उसने 'अनुकूल बनो और काम चलाओ' के जो सिद्धांत निश्चित किए थे, उन्हें कुंग फू जगत् में ज्यादा स्वीकार नहीं किया गया।

जब ब्रूस ली ने पहली बार मुक्केबाजी के दस्ताने पहने, वह इंटर स्कूल चैंपियनशिप विजेता बना। बाद में उसने अपने उस भाई के साथ पटेबाजी का अभ्यास किया, जो एक कॉमनवेल्थ गेम्स चैंपियन था। जैसा कि पिछले अध्यायों में हमने जाना है, उसने अपने पिता के साथ 'त्' आइ ची का अभ्यास भी किया था, जब वह छोटा था। उसकी विशेषज्ञता विंग चुन में थी, जिसका अभ्यास उसने जीवन भर किया।

जब ब्रूस ली ने पहली बार मुक्केबाजी के दस्ताने पहने, वह इंटर स्कूल चैंपियनशिप विजेता बना। बाद में उसने अपने उस भाई के साथ पटेबाजी का अभ्यास किया, जो एक कॉमनवेल्थ गेम्स चैंपियन था। जैसा कि पिछले अध्यायों में हमने जाना है, उसने अपने पिता के साथ 'त्' आइ ची का अभ्यास भी किया था, जब वह छोटा था। उसकी विशेषज्ञता विंग चुन में थी, जिसका अभ्यास उसने जीवन भर किया। अमेरिका आने से पहले उसने अपने अस्त्रागार में दूसरी युद्ध-कलाओं की जानकारी भी जोड़ ली थी, जैसे

कि 'बद्धहस्त प्रार्थना' (Praying Manti), 'गिद्ध का पंजा' और 'हंग गार' (Hung Gar) आदि। अमेरिका में तकी किमूरा ने उसे जूडो से परिचित कराया था। फिर उसने सैटो और जेसि ग्लोवर जैसे अन्य जूडो कलाकारों के साथ जूडो में अपनी दक्षता को सान चढ़ाना शुरू कर दिया। उसने डैन इनोसैंटो के साथ अभ्यास करते हुए फिलीपिनो युद्ध-कलाओं में भी हाथ आजमाने की कोशिश की। 'ग्रीन हॉर्नेट' के सेट पर उसने विख्यात पहलवान जीन ला बैले को अपना मित्र बना लिया। दोनों ने एक-दूसरे की चालों, दाँव-पेचों की जानकारी आपस में बाँटी। उसने मशहूर जूजित्सु कलाकार वैली जे के साथ भी अनेक सफल मुकाबले किए थे और अभ्यास सत्रों में हिस्सा लिया था। उसने थाई मुक्केबाजी, पाश्चात्य मुक्केबाजी, फ्रेंच पद-प्रहार (फ्रेंच फुट फाइटिंग) सभी में अभ्यास किया था। युद्ध की लगभग सभी शैलियों में व्यापक अनुभव हासिल करने के बाद ही वह इस योग्य बन सका कि अपनी निजी शैली विकसित करते समय सर्वश्रेष्ठ एवं अत्यधिक प्रभावी चेष्टाओं को सहज ही अपना सके।

यद्यपि वह बड़ी मेहनत से अभ्यास कर रहा था, फिर भी वह अपनी दिनचर्या से ध्यान-साधना व चिंतन-मनन के लिए समय निकालने से कभी नहीं चूकता था। वह नित्य चिंतन करता था, क्योंकि वह अपनी 'ची' को विकसित करने के उपाय खोजने में लगा हुआ था।

यद्यपि वह बड़ी मेहनत से अभ्यास कर रहा था, फिर भी वह अपनी दिनचर्या से ध्यान-साधना व चिंतन-मनन के लिए समय निकालने से कभी नहीं चूकता था। वह नित्य चिंतन करता था, क्योंकि वह अपनी 'ची' को विकसित करने के उपाय खोजने में लगा हुआ था।

उसके आसपास कुंग फू सिखानेवाले और भी शिक्षक थे, जिनकी कक्षा में एक समय में सैकड़ों छात्र होते थे; लेकिन ब्रूस की व्यावसायिकता और उसकी अपरंपरागत शिक्षण विधि कभी भी उसे मुट्ठी भर से अधिक छात्रों को एक समय में सिखाने-पढ़ाने की आज्ञा नहीं देती थी। इसी कारण से वह और अधिक स्कूल नहीं खोल सका। इसका एक ही अर्थ था कि अपना

अस्तित्व बनाए रखने के लिए उसे और प्राइवेट ट्यूशन का सहारा लेना होगा।

हॉलीवुड में सिखाने-पढ़ाने का काम करने के बीच उसके मन में कई बार कुंग फू फिल्मों में अभिनय करने का विचार आया। वास्तव में, यह विचार हमेशा से उसके मन में कहीं बसा हुआ था। उसने एक शाओलिन योद्धा पुरोहित के बारे में एक फिल्म की योजना भी अपने मन में तैयार कर ली थी। इस योजना को लेकर वह टॉम कुन नामक एक टी.वी. चलचित्र निर्माता से भी मिलने गया, जिसने फिल्म का नाम 'वारियर' रखने का सुझाव दिया।

हॉलीवुड में सिखाने-पढ़ाने का काम करने के बीच उसके मन में कई बार कुंग फू फिल्मों में अभिनय करने का विचार आया। वास्तव में, यह विचार हमेशा से उसके मन में कहीं बसा हुआ था। उसने एक शाओलिन योद्धा पुरोहित के बारे में एक फिल्म की योजना भी अपने मन में तैयार कर ली थी। इस योजना को लेकर वह टॉम कुन नामक एक टी.वी. चलचित्र निर्माता से भी मिलने गया, जिसने फिल्म का नाम 'वारियर' रखने का सुझाव दिया।

उसने ख्याति-प्राप्त शिष्यों में जेम्स कॉबर्न और स्टीव मैकक्वीन जैसे फिल्मी सितारे और मशहूर पटकथा लेखक स्टर्लिंग सिलिफैंट शामिल थे। सिलिफैंट ने मशहूर गायक विक डैमॅन के बॉडीगार्डों के साथ उसकी लड़ाई के बारे में सुना हुआ था और यह किस्सा हॉलीवुड के सामाजिक क्षेत्र में चर्चा का विषय बन गया था।

वर्ष 1950 और वर्ष 1960 के दशक के मशहूर गायक विक डैमॅन ने उसकी ताकत और रणनीतिक प्रतिभा को वर्ष 1968 में व्यक्तिगत रूप से देखा। डैमॅन वर्ष 1960 के दशक के उत्तरार्ध में अपनी प्रसिद्धि के शिखर पर था और वह मान बैठा था कि उसने मनचाही कीमत देकर दुनिया के दो सर्वश्रेष्ठ अंगरक्षक अपने लिए नियुक्त किए हैं और उनके बूते पर उसने ब्रूस को चुनौती दी कि हिम्मत हो तो उनके सामने से आकर दिखाए। इस चुनौती के पीछे डैमॅन का इरादा ब्रूस को मूर्ख साबित करना और एक सबक सिखाने का था। यद्यपि ब्रूस अपने तरीके से सबक सिखाना चाहता था, जब उसने

डैमॅन से कहा कि वह उसके पहले बॉडीगार्ड से आसानी से बचकर निकल सकता है और फिर दूसरे बॉडीगार्ड के मुँह से एक सिगरेट उड़ा सकता है।

ब्रूस ने कहा कि सिगरेट को एक बंदूक के अर्थ में लिया जाएगा और इससे पहले कि ब्रूस की लत्ती (पद-प्रहार या किक) वहाँ तक पहुँचे, बॉडीगार्ड को सिगरेट मुँह से निकाल देनी होगी और सिगरेट को लत्ती मारने की प्रक्रिया में प्रवेश करने से लेकर सिगरेट को ठोकर लगाने और डैमॅन के अंगरक्षकों को चकमा देकर डैमॅन तक पहुँचने की सभी क्रियाओं को अंजाम देने में ब्रूस के अनुसार पाँच सेकंड से भी कम समय लगना था। अंगरक्षकों, अर्थात् बॉडीगार्ड्स को सुस्पष्ट कारणों से इस पर कतई विश्वास नहीं हुआ और न डैमॅन को विश्वास था कि ऐसा संभव है। ब्रूस ने अपनी इस क्रिया से आश्चर्य का लाभ भी बाहर कर दिया था। बॉडीगाड्स को पता था कि वह आ रहा है और वे उसके लिए तैयार थे। वे दरवाजे के साथ चिपक गए, ताकि दरवाजा खुलते ही वे उस पर टूट पड़ें। किंतु दरवाजा उस तरह नहीं खुला, जैसा उन्होंने सोचा था। असल में, दरवाजा खुला ही नहीं। खुलने के बजाय दरवाजा एक झटके में अपने जोड़ों से उखड़कर इतनी ताकत के साथ पहले बॉडीगार्ड पर गिरा कि उसके जोर से वह फर्श पर चारों खाने चित हो गया। ब्रूस ने सही अनुमान लगाया था कि उनमें से एक बॉडीगार्ड तो अवश्य ही दरवाजे से सटकर खड़े रहने की गलती करेगा, इसलिए उसने दरवाजा झटके से खोला। एक गया, अब दूसरे की बारी थी। दूसरा बॉडीगार्ड कुछ कर पाता, उसके पहले ही ब्रूस ने तड़ाक से अपना पैर उसके मुँह तक ले जाकर सिगरेट उसके

बॉडीगाड्स को पता था कि वह आ रहा है और वे उसके लिए तैयार थे। वे दरवाजे के साथ चिपक गए, ताकि दरवाजा खुलते ही वे उस पर टूट पड़ें। किंतु दरवाजा उस तरह नहीं खुला, जैसा उन्होंने सोचा था। असल में, दरवाजा खुला ही नहीं। खुलने के बजाय दरवाजा एक झटके में अपने जोड़ों से उखड़कर इतनी ताकत के साथ पहले बॉडीगार्ड पर गिरा कि उसके जोर से वह फर्श पर चारों खाने चित हो गया।

मुँह से बाहर झटक दी। सिगरेट स्तंभित डैमॅन की नाक के आगे से दूर जा गिरी। डैमॅन ने ब्रूस की ओर रुख किया, जो उससे एक इंच की दूरी पर खड़ा अपनी घड़ी देख रहा था। चार सेकंड निकल गए थे।

डैमॅन की प्रतिक्रिया फिर हॉलीवुड के सामाजिक हलकों में इस प्रकार गूँजनी ही थी—'होली शिट!'

उसकी लोकप्रियता और फीस का सीधा-सीधा संबंध था। पहले उसने अपनी फीस बढ़ाकर 100 डॉलर प्रति घंटा की और फिर उसे 250 डॉलर प्रति घंटा कर दिया। उसकी लड़ाइयों और विशेषज्ञता के किस्से हॉलीवुड में सबसे बड़े निर्देशकों में से एक रोमन पोलंस्की के कानों तक पहुँच गए। उसने वैयक्तिक प्रशिक्षण के लिए उसे स्विट्जरलैंड बुलवा लिया।

उसकी लोकप्रियता और फीस का सीधा-सीधा संबंध था। पहले उसने अपनी फीस बढ़ाकर 100 डॉलर प्रति घंटा की और फिर उसे 250 डॉलर प्रति घंटा कर दिया। उसकी लड़ाइयों और विशेषज्ञता के किस्से हॉलीवुड में सबसे बड़े निर्देशकों में से एक रोमन पोलंस्की के कानों तक पहुँच गए। उसने वैयक्तिक प्रशिक्षण के लिए उसे स्विट्जरलैंड बुलवा लिया।

उधर हॉलीवुड में कॉबर्न और सिलिफैंट जैसे उसके प्रतिष्ठित छात्र काफी उन्नति कर रहे थे। दोनों ने हॉलीवुड में अच्छी प्रगति की थी और ब्रूस के साथ उनकी व्यक्तिगत दोस्ती पक्की हो गई थी।

सन् 1968 और 1969 के दौरान ब्रूस के कुछ हॉलीवुड शिष्यों ने भिन्न-भिन्न फिल्मों में उसे छोटी-छोटी पार्श्व भूमिकाएँ (Side Roles) दिलवाईं। उसने 'आयरनसाइड' और 'बलाँडी' नामक टी.वी. धारावाहिक में भी अभिनय किया। टी.वी. धारावाहिक 'इन हीयर कम द ब्राइड्स' में उसने परदे पर एक चीनी साधु की भूमिका निभाई। भिन्न-भिन्न फिल्म-निर्माता गृहों ने भी उसकी सेवाओं को भाड़े पर लिया—कभी तकनीकी सलाहकार के रूप में तो कभी कलाबाजी निर्देशक के रूप में। लेकिन इनमें से कोई भी भूमिका उसे वह प्रसिद्धि नहीं दिला सकी, जो 'ग्रीन हॉर्नेट', ने दिलाई थी।

'ग्रीन हॉर्नेट' के बाद ब्रूस के लिए किसी अन्य टी.वी. धारावाहिक में मुख्य भूमिका हासिल करना लगभग असंभव हो गया। उन दिनों हॉलीवुड में किसी चीनी कुंग फू मास्टर के लिए पर्याप्त भूमिकाएँ नहीं लिखी जा रही थीं—कुछ एक घिसी-पिटी भूमिकाओं को छोड़कर। उसका मित्र स्टर्लिंग सिलिफैंट, जो अपने समय के नामी-गिरामी पटकथा लेखकों में से एक था, समझ गया कि ब्रूस को ध्यान में रखकर कोई विशेष कहानी लिखनी होगी, ताकि उसे वह अवसर मिल सके, जिसकी उसे तलाश है।

इस बीच सिलिफैंट ने उसे स्टंट कॉरियोग्राफर (कलाबाजी नृत्यकला निर्देशक) के रूप में एक फिल्म में काम दिलवा दिया, जिसका नाम था—'ए वॉक इन द स्प्रिंग रेन'। सिलिफैंट ने 'मैर्लो' नामक फिल्म में ब्रूस के लिए एक ऐसा रोल लिखा, जिसमें वह युद्ध-कला योद्धा के रूप में अपनी कसरत और ताकत का प्रदर्शन कर सके। हालाँकि परदे पर उसका रोल दो-चार मिनट से ज यादा का नहीं था, लेकिन पूरे समय की किसी हॉलीवुड फिल्म में यह उसकी पहली उपस्थिति थी।

इस बीच सिलिफैंट ने उसे स्टंट कॉरियोग्राफर (कलाबाजी नृत्यकला निर्देशक) के रूप में एक फिल्म में काम दिलवा दिया, जिसका नाम था—'ए वॉक इन द स्प्रिंग रेन'। सिलिफैंट ने 'मैर्लो' नामक फिल्म में ब्रूस के लिए एक ऐसा रोल लिखा, जिसमें वह युद्ध-कला योद्धा के रूप में अपनी कसरत और ताकत का प्रदर्शन कर सके। हालाँकि परदे पर उसका रोल दो-चार मिनट से ज्यादा का नहीं था, लेकिन पूरे समय की किसी हॉलीवुड फिल्म में यह उसकी पहली उपस्थिति थी।

अपने वैयक्तिक शिक्षण से अर्जित आय पर निर्भर रहते हुए ब्रूस हॉलीवुड में अपने पाँव जमाने के लिए अभी संघर्ष कर रहा था। इसी बीच उसने लिंडा को दूसरी बार गर्भवती पाया। बढ़ते परिवार की जरूरतों को देखते हुए उसने महसूस किया कि अब उसे कोई बड़ा मकान ले लेना चाहिए। वह हॉलीवुड के ऊपरी इलाके बेल एयर बस्ती में कोई बँगला लेने की फिराक में

था; लेकिन उसे अपने बजट से बाहर पाकर उसने शहर के बीचोबीच रोज कॅमेयर रोड पर ही एक बँगला पसंद कर लिया। उसने वह बँगला 50,000 डॉलर में खरीदा। लेकिन बँगला खरीदने के कुछ ही समय बाद उसके लिए उसकी किस्तें चुकाना मुश्किल होने लगा। अपने पिता की संपत्ति का एक हिस्सा बेच देने से हुई धन-प्राप्ति से उसे कुछ राहत मिल गई। लेकिन उस धनराशि का इस्तेमाल अपने नए घर के लिए फर्नीचर खरीदने हेतु करने के बजाय उसने अपने लिए लाल रंग की एक नई पोर्श कार खरीद ली और स्टीव मैकक्वीन के साथ मॅल्हांड ड्राइव के समानांतर रेस लगाने चल देता था।

हालाँकि उसे इस बात पर बहुत गर्व महसूस होता था कि अमेरिका के सभी तीनों चैंपियन कराटे फ्रीस्टाइल तथा प्रतिष्ठित लोगों का एक समूह उसके अधीन अभ्यास कर रहा है, फिर भी उसके मन में यह इच्छा बार-बार उभरने लगी थी कि उसे फिल्मों में चले जाना चाहिए। समस्या एक ही थी कि दूसरे लोग वैसा नहीं सोचते थे। इसके अलावा, कोई भी फिल्म-निर्माता किसी अनजान चीनी कुंग फू मास्टर पर पैसा लगाने का जोखिम उठाने के लिए तैयार नहीं था।

ब्रूस बहुत जल्द अपनी सीमाओं को समझ गया। उसने मुख्य भूमिकाओं का सपना देखना छोड़कर किसी भी बड़ी फीचर फिल्म में एक सशक्त गौण भूमिका निभाने का मन बना लिया। उसने महसूस किया कि किसी बड़े अभिनेता के साथ एक दमदार गौण भूमिका उसे वह पहचान दिला सकेगी, जिसकी वह तलाश कर रहा है और फिर अंततः उसके लिए नए द्वार खुलने लगेंगे।

ब्रूस बहुत जल्द अपनी सीमाओं को समझ गया। उसने मुख्य भूमिकाओं का सपना देखना छोड़कर किसी भी बड़ी फीचर फिल्म में एक सशक्त गौण भूमिका निभाने का मन बना लिया। उसने महसूस किया कि किसी बड़े अभिनेता के साथ एक दमदार गौण भूमिका उसे वह पहचान दिला सकेगी, जिसकी वह तलाश कर रहा है और फिर अंततः उसके लिए नए द्वार खुलने लगेंगे।

उसके मन में किसी ऐसी फिल्म की कल्पना भी घुमड़ रही थी, जिसमें

वह स्वयं को फिल्म के नायक के सहायक की भूमिका में देखने लगा था। फिल्म का नाम था 'साइलेंट फ्लूट'। फिल्म में नायक को एक यात्रा पर जाना था, जहाँ उसका सामना अड़चनों व विघ्न-बाधाओं से होगा। उन बाधाओं से निकलने का रास्ता उसकी आत्मा की आवाज उसे बताएगी और उस भूमिका को ब्रूस स्वयं निभाने वाला था। वह चाहता था कि स्टीव मैकक्वीन नायक की भूमिका अदा करे। उसने सिलिफैंट को फिल्म की कहानी पर काम करने के लिए कहा। एक दिन ब्रूस और सिलिफैंट दोनों मिलकर स्टीव मैकक्वीन के घर गए और उसे नायक की भूमिका निभाने के लिए राजी करने का प्रयत्न किया। स्टीव ने उस फिल्म का नायक बनने से स्पष्ट इनकार कर दिया। ब्रूस ने उसके घर से बाहर आने तक एक शब्द भी नहीं कहा। स्टीव मैकक्वीन के घर के बाहर खड़े होकर उसने स्टीव से बड़ा स्टार बनकर दिखाने की कसम खाई।

फिल्म में नायक को एक यात्रा पर जाना था, जहाँ उसका सामना अड़चनों व विघ्न-बाधाओं से होगा। उन बाधाओं से निकलने का रास्ता उसकी आत्मा की आवाज उसे बताएगी और उस भूमिका को ब्रूस स्वयं निभाने वाला था। वह चाहता था कि स्टीव मैकक्वीन नायक की भूमिका अदा करे। उसने सिलिफैंट को फिल्म की कहानी पर काम करने के लिए कहा। एक दिन ब्रूस और सिलिफैंट दोनों मिलकर स्टीव मैकक्वीन के घर गए और उसे नायक की भूमिका निभाने के लिए राजी करने का प्रयत्न किया।

स्टीव द्वारा इनकार किए जाने के बाद वे दोनों जेम्स कार्बर्न के पास गए, जिसने खुशी से नायक की भूमिका निभाना मंजूर कर लिया। पटकथा विकसित करने की जिम्मेदारी सिलिफैंट की थी और जब काफी दिनों तक उसकी ओर से कोई हलचल नहीं सुनाई दी तो ब्रूस और भी अधिक व्याकुल हो गया। 19 अप्रैल, 1969 को उसकी बेटी शानन के जन्म के बाद तो उसकी बेचैनी काफी बढ़ गई। बढ़ते परिवार को सुख-सुविधा मुहैया कराने की सारी उम्मीद अब 'साइलेंट फ्लूट' पर टिकी थी।

विचार-विमर्श और चर्चाओं के कई दौर चलने के बाद सिलिफैंट और ब्रूस ने एक पटकथा तैयार कर ली। फिर जेम्स कार्बन, सिलिफैंट और ब्रूस ने वह स्क्रिप्ट द वार्नर ब्रदर्स को पेश की। फिल्म निर्माताओं ने इसमें दिलचस्पी तो दिखाई, लेकिन उनकी शर्त थी कि इसका फिल्मांकन भारत में किया जाना चाहिए। वे उस रकम का इस्तेमाल करने के बारे में सोच रहे थे, जो उनकी पिछली फिल्मों ने भारत में कमाई थी; लेकिन जिसे भारत सरकार देश से बाहर ले जाने की इजाजत नहीं दे रही थी। ब्रूस ने भारत का भ्रमण करने की योजना बनाई, जबकि सिलिफैंट और कार्बन चिंतित थे।

विचार-विमर्श और चर्चाओं के कई दौर चलने के बाद सिलिफैंट और ब्रूस ने एक पटकथा तैयार कर ली। फिर जेम्स कार्बन, सिलिफैंट और ब्रूस ने वह स्क्रिप्ट द वार्नर ब्रदर्स को पेश की। फिल्म निर्माताओं ने इसमें दिलचस्पी तो दिखाई, लेकिन उनकी शर्त थी कि इसका फिल्मांकन भारत में किया जाना चाहिए। वे उस रकम का इस्तेमाल करने के बारे में सोच रहे थे, जो उनकी पिछली फिल्मों ने भारत में कमाई थी; लेकिन जिसे भारत सरकार देश से बाहर ले जाने की इजाजत नहीं दे रही थी। ब्रूस ने भारत का भ्रमण करने की योजना बनाई, जबकि सिलिफैंट और कार्बन चिंतित थे।

तीनों ने भारत के लिए उड़ान पकड़ी, देश भर में भ्रमण किया और फिल्म की शूटिंग के लिए उपयुक्त स्थानों की तलाश में लगे रहे। लेकिन उनकी यह तलाश व्यर्थ साबित हुई। वे जल्दी समझ गए कि भारत में फिल्मांकन करने का विचार व्यावहारिक नहीं था। शूटिंग के लिए उपयुक्त स्थानों की तलाश में एक माह से अधिक व्यतीत करने के बाद कार्बन और सिलिफैंट ने भारत में शूटिंग करने का इरादा छोड़ दिया। लेकिन ब्रूस छोड़ने के लिए तैयार नहीं था, क्योंकि कार्बन और सिलिफैंट तो अपने व्यवसाय में जम चुके थे और वापस जाकर अपने-अपने काम में लग जाते। लेकिन ब्रूस के पास ऐसा कुछ नहीं था। भरसक कोशिश के बाद भी जब फिल्म बनाने की योजना कामयाब होती

नजर नहीं आई तो थक-हारकर जेम्स कार्बर्न ने पीछे हट जाने का निश्चय कर लिया। यह देखकर वार्नर ब्रदर्स भी अब इस परियोजना को आगे बढ़ाने के लिए तैयार नहीं थे। अमेरिका वापस पहुँचकर सिलिफैंट और कार्बर्न दोनों ने उसे वित्तीय सहायता देनी चाही, लेकिन पहले से ही चोट खाए ब्रूस ने उनसे किसी भी प्रकार की मदद लेने से मना कर दिया। अब ली दंपती को भारी वित्तीय संकट ने घेर लिया। बिलों का ढेर लगने लगा था और लगता था जैसे वे बिल उसे उसे मुँह चिढ़ा रहे हैं और उन्हें चुकता न कर पाने की उसकी असमर्थता की खिल्ली उड़ा रहे हैं। अब इसके सिवा कोई विकल्प नहीं रह गया था कि लिंडा कोई नौकरी ढूँढ़े और कुछ पैसा कमाकर बढ़ते खर्चों में हिस्सा बँटाए तथा बिलों का भुगतान करे। कोई शैक्षिक योग्यता या उपाधि और काम करने का पिछला अनुभव न होने के कारण लिंडा अपने लिए एक न्यूनतम वेतन की नौकरी का ही जुगाड़ कर सकी।

लिंडा को काम के लिए जाते देख उसकी पुरुषोचित भावनाओं, उसके पितृसत्तात्मक पालन-पोषण संबंधी संस्कारों को ठेस लगती थी, जहाँ पत्नी की कमाई पर जीना एक अपराध समझा जाता था। ब्रूस एक लाचार व मजबूर इनसान था।

□

हॉलीवुड से मुलाकात-II

ब्रूस को एक झटके में फिल्मी दुनिया का हीरो बनाने का प्रयास विफल हो जाने के बाद स्टर्लिंग सिलिफैंट ने टी.वी. में विकल्प तलाशने शुरू कर दिए। ब्रूस और कार्बर्न के साथ भारत के लिए प्रस्थान करने से पहले सिलिफैंट ने टी.वी. धारावाहिक 'लॉन्ग स्ट्रीट' के लिए एक स्क्रिप्ट पर काम करना शुरू कर दिया था। अगर फिल्म नहीं बन पाती है तो ब्रूस को फिल्मी परदे पर उतारने के लिए यह उसका प्लान बी था, अर्थात् वैकल्पिक योजना थी। 'साइलेंट फ्लूट' से वार्नर ब्रदर्स ने जब अपना हाथ वापस खींच लिया तो सिलिफैंट ने 'लॉन्गस्ट्रीट' में ब्रूस के लिए एक-एक रोल लिखना शुरू कर दिया।

यह धारावाहिक न्यू आर्लिएंस के निवासी माइक लॉन्गस्ट्रीट नामक एक स्वतंत्र बीमा अन्वेषक के जीवन पर आधारित है। एक अन्वेषक के रूप अपनी दैनिक अग्नि-परीक्षा में वह अपने सबसे अच्छे दोस्त ड्यूक पैगे की मदद लेता है, जो 'ग्रेट पैसिफिक कैजुअल्टी' में ऑडिटर है। उसका जीवन एकदम उलट-पुलट जाता है, जब उसके घर में उस पर बम से हमला किया जाता है, जो उसे जिंदगी भर के लिए अंधा बना देता है और जिसमें उसकी पत्नी इन्ग्रिड लॉन्गस्ट्रीट की जान चली जाती है। एक भावनात्मक एवं मानसिक विक्षोभ से बाहर निकलने के बाद माइक एक दृष्टिहीन व्यक्ति की तरह अपना पूरा जीवन जीने और एक बीमा अन्वेषक के रूप में अपना काम जारी रखने का निश्चय करता है। उसका मित्र ड्यूक उसे बीमा संबंधी मामले हल

करने के लिए देता रहता है। इन मामलों में अपनी मदद के लिए माइक एक व्यक्ति को अपना सहायक नियुक्त कर लेता है, जिसका नाम निक्की बेल है। शुरू में माइक उसे एक ब्रेल शिक्षक के रूप में रखता है, लेकिन बाद में वह उसकी बीमा अन्वेषण सहयोगी बन जाती है। इस धारावाहिक में दूसरे पात्र हैं—श्रीमती किंग्सटन—उसकी गुस्सैल गृह-प्रबंधक और पैक्स—उसका सफेद रंग का पालतू मार्गदर्शक कुत्ता। माइक जब पहले की भाँति एक सामान्य जीवन जीने की कोशिश करता है तो उसके लिए अपने मनोभावों पर नियंत्रण रखना कठिन हो जाता है, क्योंकि वह बम कांड और अपनी पत्नी की मौत को भूल नहीं पाता है और बार-बार उन्हीं घटनाओं के बारे में सोचता रहता है। इस धारावाहिक में ब्रूस ली का रोल लौटकर फिर आता-जाता रहता है। वह माइक लॉन्गस्ट्रीट को अपनी जीत कुने डू शैली के अनुसार हाथोंहाथ द्वंद्व-युद्ध में अपना बचाव करने के तरीके सिखाता है।

'लॉन्गस्ट्रीट' की शूटिंग शुरू होने से पहले ब्रूस को हांगकांग जाना पड़ गया, क्योंकि उसे अपनी माँ को अपने साथ लाने की व्यवस्था करनी थी, ताकि उसकी माँ अमेरिका में उसके साथ रह सके। हांगकांग एयरपोर्ट पहुँचने पर उसका जो स्वागत-सत्कार हुआ, उससे वह चकित रह गया। उसकी घर-वापसी की आव-भगत करने करीब सौ लोगों की भीड़ एयरपोर्ट के बाहर जमा थी। पता चला कि ग्रीन हॉर्नेट टी.वी. सीरीज, जिसमें उसने कैटो की भूमिका निभाई थी, अमेरिका में दर्शकों को अपेक्षाकृत कम पसंद आने के बावजूद हांगकांग में जबरदस्त सफल हुई थी। हांगकांग में दर्शकों ने ग्रीन हॉर्नेट को नहीं, बल्कि कैटो को उस शो का

'लॉन्गस्ट्रीट' की शूटिंग शुरू होने से पहले ब्रूस को हांगकांग जाना पड़ गया, क्योंकि उसे अपनी माँ को अपने साथ लाने की व्यवस्था करनी थी, ताकि उसकी माँ अमेरिका में उसके साथ रह सके। हांगकांग एयरपोर्ट पहुँचने पर उसका जो स्वागत-सत्कार हुआ, उससे वह चकित रह गया। उसकी घर-वापसी की आव-भगत करने करीब सौ लोगों की भीड़ एयरपोर्ट के बाहर जमा थी।

हीरो मानकर ब्रूस का स्वागत किया था। उसके आश्चर्य का ठिकाना नहीं रहा, जब उसने अपने स्वागत में जमा भीड़ के बीच अनेक टेलीविजन और समाचार-पत्र संवाददाताओं को खड़े पाया। इस जबरदस्त स्वागत ने उसे रातोरात बुलंदी पर पहुँचा दिया, जिसे उसने पहली बार अपनी आँखों से देखा।

अपनी इस नई प्रतिष्ठा में पूरी तरह सराबोर हो चुकने के बाद उसने हांगकांग में सबसे बड़े फिल्म निर्माता द शॉ ब्रदर्स के साथ एक फिल्म बनाने का प्रस्ताव रखा। यह बहुत पुरानी और प्रसिद्ध चीनी फिल्म निर्माता कंपनी सन् 1920 के दशक में छह निर्भीक भाइयों द्वारा आरंभ की गई थी। सन् 1958 में यह फिल्म निर्माता कंपनी तत्कालीन ब्रिटिश हांगकांग में उस समय की एक बड़ी कंपनी बन गई, जब वहाँ निजी स्वामित्व में विश्व के सबसे बड़े फिल्म स्टूडियो का निर्माण हुआ। द शॉ ब्रदर्स ने अगले तीन वर्षों में एक हजार फिल्मों का निर्माण किया और उनकी लाइब्रेरी चीनी फिल्मों की सबसे बड़ी लाइब्रेरी बन गई। उनके यहाँ फिल्मों का निर्माण उस तरह होता था, जैसे किसी कारखाने में पुरजा-पुरजा जोड़कर मशीन बनाई जाती है। अधिकतर अभिनेता-अभिनेत्री और तकनीशियन काम के बोझ तले दबे रहते थे और उन्हें पैसा भी कम मिलता था। उनके वितरण का जाल समस्त मंडारिन क्षेत्र (जिसमें हांगकांग, चीन, मलेशिया, ताइवान और विएतनाम तथा बर्मा के कुछ भाग शामिल हैं) में फैला हुआ था। इसी कारण वह कंपनी सबसे बड़ा फिल्म निर्माण गृह कहलाती थी। शॉ ब्रदर्स का मालिक रन रन शॉ एक अधेड़ उम्र का आदमी था। वर्ष 1970 के दशक के अंत तक उसकी कंपनी हर वर्ष 40 फिल्में बना रही थी और करीब 2,50,000 लोग रोजाना उन फिल्मों को

द शॉ ब्रदर्स ने अगले तीन वर्षों में एक हजार फिल्मों का निर्माण किया और उनकी लाइब्रेरी चीनी फिल्मों की सबसे बड़ी लाइब्रेरी बन गई। उनके यहाँ फिल्मों का निर्माण उस तरह होता था, जैसे किसी कारखाने में पुरजा-पुरजा जोड़कर मशीन बनाई जाती है। अधिकतर अभिनेता-अभिनेत्री और तकनीशियन काम के बोझ तले दबे रहते थे और उन्हें पैसा भी कम मिलता था।

देखने 143 सिनेमाघरों में जाते थे। हांगकांग से लेकर जकार्ता तक फैले वे सारे सिनेमाघर शॉ ब्रदर्स के थे। उनके अलावा भी हजारों लोग दुनिया भर में बसे चाइना टाउन में उन फिल्मों को देखा करते थे।

ब्रूस ने रन रन शॉ को उसके स्टूडियो में एक फिल्म बनाने के लिए 10,000 डॉलर फीस देने का प्रस्ताव रखा। इसके साथ वह स्क्रिप्ट, अर्थात् पटकथा और लड़ाई के दृश्यों के निर्देशन में बदलाव करने की पूरी आजादी भी चाहता था। शॉ को यह प्रस्ताव पसंद नहीं आया और उसने इस प्रस्ताव को सामने आते ही ठुकरा दिया।

ब्रूस ने रन रन शॉ को उसके स्टूडियो में एक फिल्म बनाने के लिए 10,000 डॉलर फीस देने का प्रस्ताव रखा। इसके साथ वह स्क्रिप्ट, अर्थात् पटकथा और लड़ाई के दृश्यों के निर्देशन में बदलाव करने की पूरी आजादी भी चाहता था। शॉ को यह प्रस्ताव पसंद नहीं आया और उसने इस प्रस्ताव को सामने आते ही ठुकरा दिया।

ब्रूस के जीवन की सबसे बड़ी विडंबना यह थी कि उसके तरीके हॉलीवुड के लिए अत्यधिक चीनी थे और हांगकांग फिल्म उद्योग के लिए अत्यधिक अमेरिकी। रन रन शॉ द्वारा प्रस्ताव नामंजूर किए जाने के बाद ब्रूस अमेरिका वापस आ गया और 'लॉन्गस्ट्रीट' के लिए शूटिंग में व्यस्त हो गया। इस शो का एक सबसे ज्यादा उल्लेखनीय प्रसंग वह था, जहाँ ब्रूस पहली बार नायक, अर्थात् लॉन्गस्ट्रीट ब्रूस से अनुरोध कर रहा है कि वह उसे जीत कुने डू सिखा दे।

"मैं चाहता हूँ कि आप मुझे वह सिखाएँ, जो आपने उस रात करके दिखाया था।" लॉन्गस्ट्रीट कहता है।

"मैं आपको पहले बता चुका हूँ, मैं नहीं कर सकता।" ब्रूस धीमी आवाज में जवाब देता है।

"आपकी चाय का स्वाद लेने के लिए मैं अपना कप खाली करने को तैयार हूँ।" लॉन्गस्ट्रीट आग्रह करता है।

"उदार–मनस्कता शीतल होती है, लेकिन इससे कुछ बदलता नहीं है।

मैं सिद्धांतों या पद्धतियों में विश्वास नहीं करता हूँ, लॉन्गस्ट्रीट। और सिद्धांत एवं पद्धति के बिना सिखाने के लिए क्या रह जाता है?''

''लेकिन आपको सीखना पड़ा। आप यह ज्ञान लेकर पैदा नहीं हुए थे कि तीन लोगों से दो-चार पल में ही किस तरह आप अलग-अलग तरीके से निपट लेंगे।''

''सही है, लेकिन मैंने अपने अज्ञान के कारण का पता लगा लिया।''

''तब मेरे अज्ञान का कारण जानने में मेरी भी मदद करें।'' लॉन्गस्ट्रीट ब्रूस की आँखों में घूरते हुए कहता है। इसके बाद ब्रूस उसे सिखाने के लिए राजी हो जाता है।

लॉन्गस्ट्रीट जिस प्रसंग में जीत कुने डू में अभ्यास करता है, उसमें ब्रूस एक एयरबैग उसका पद-प्रहार अर्थात् किक सहने के लिए पकड़े रहता है।

''मेरे पेट में तुम जितनी जोर से लात मार सकते हो, मारो।'' ब्रूस कहता है।

''एक मिनट ठहरो। मैं तुम्हे चोट पहुँचाना नहीं चाहता।'' लॉन्गस्ट्रीट जवाब देता है।

''मैं अपने बचाव के लिए यह एयरशील्ड पकड़े हुए हूँ। आओ।''

''ओके।'' लॉन्गस्ट्रीट कहता है और फिर अपनी पूरी ताकत से एयरबैग में लत्ती मारता है।

''मेरे पेट में तुम जितनी जोर से लात मार सकते हो, मारो।'' ब्रूस कहता है।

''एक मिनट ठहरो। मैं तुम्हे चोट पहुँचाना नहीं चाहता।'' लॉन्गस्ट्रीट जवाब देता है।

''मैं अपने बचाव के लिए यह एयरशील्ड पकड़े हुए हूँ। आओ।''

''ओके।'' लॉन्गस्ट्रीट कहता है और फिर अपनी पूरी ताकत से एयरबैग में लत्ती मारता है।

असंतुष्ट ब्रूस फिर उसे लत्ती मारने (किक लगाने) का सही तरीका बताता है।

''अपने हाथ यहाँ रखो। अपनी बगलों के समान स्तर पर।'' ब्रूस एयरबैग पर मुक्का मारते हुए कहता है, ''अब मैं चाहूँगा कि तुम फर्क

महसूस करो, जब मैं अपना शरीर एक किक के पीछे रखता हूँ।'' वह कहना जारी रखता है, ''जब मैं तीन तक गिनूँ, जोर से श्वास छोड़ना। मैं तुमको लत्ती मारूँगा।'' उसी समय लॉन्गस्ट्रीट का साथी ड्यूक प्रवेश करता है। ब्रूस ड्यूक को लॉन्गस्ट्रीट के पीछे खड़े होने के लिए कहता है। तीन तक गिनते ही ब्रूस एयरबैग को इतनी जोर से ठोकर मारता है कि लॉन्गस्ट्रीट हवा में कई मीटर ऊँचे उड़ जाता है। ''शांत! मैं तुम्हें बता रहा हूँ, यह आदमी अद्‌भुत है।'' तभी ड्यूक चलकर ब्रूस के पास आता है और उससे पूछता है, ''यह क्या है, जो तुम करते हो?'' इसके जवाब में ब्रूस कहता है, ''कैंटोनीज में जीत कुने डू मुक्के को बीच में रोकने का तरीका।'' वह आगे कहता है, ''आओ, मुझ तक पहुँचने के लिए तुम्हें मेरे पास आना होगा। आपका हमला मुझे आपको बीच में रोकने का एक मौका हमेशा देता है। इस मामले में मैं सबसे नजदीक लक्ष्य आपके घुटने की हड्‌डी के विरुद्ध साइकिल चलाते हुए अपने सबसे लंबे हथियार का इस्तेमाल कर रहा हूँ। बॉक्सिंग में इसकी तुलना आपके बाएँ आकस्मिक आघात से की जा सकती है, सिवाय इसके कि यह कहीं अधिक हानिकारक है।''

मैं तुमको लत्ती मारूँगा।'' उसी समय लॉन्गस्ट्रीट का साथी ड्यूक प्रवेश करता है। ब्रूस ड्यूक को लॉन्गस्ट्रीट के पीछे खड़े होने के लिए कहता है। तीन तक गिनते ही ब्रूस एयरबैग को इतनी जोर से ठोकर मारता है कि लॉन्गस्ट्रीट हवा में कई मीटर ऊँचे उड़ जाता है। ''शांत! मैं तुम्हें बता रहा हूँ, यह आदमी अद्‌भुत है।'' तभी ड्यूक चलकर ब्रूस के पास आता है और उससे पूछता है, ''यह क्या है, जो तुम करते हो?'' इसके जवाब में ब्रूस कहता है, ''कैंटोनीज में जीत कुने डू मुक्के को बीच में रोकने का तरीका।''

''मैं समझ गया···बाएँ मुष्टि-प्रहार की बात कर रहे हैं।'' मुक्केबाजी की मुद्रा में आते हुए ड्यूक कहता है।

इसके बदले में ब्रूस बिजली की गति से ड्यूक पर एक मुक्का फेंकता है, जो चेहरे के बिल्कुल करीब आकर रुक जाता है। फिर वह कहता है, ''इस

बार मैं आपके भावनात्मक तनाव को रोकता हूँ। आप अपनी बुद्धि से अपने मुक्के के बारे में सोच-विचार करें, कितना समय निकल गया।''

उत्तेजित लॉन्गस्ट्रीट कहता है, ''और ली मुझे यह सब सिखाने जा रहा है।''

इस पर ब्रूस कहता है, ''मैं तुमको नहीं सिखा सकता, लेकिन तुम्हारी इतनी मदद जरूर कर सकता हूँ कि तुम स्वयं को जान सको।''

बाद के प्रकरणों में ब्रूस लॉन्गस्ट्रीट को न केवल जीत कुने डू सिखाता है, बल्कि उसके पीछे जो सिद्धांत है, उसे समझने में भी उसकी सहायता करता है। एक और प्रशिक्षण सत्र में ब्रूस लॉन्गस्ट्रीट को शक्तिशाली पदाघात फेंकने की कला सिखाता है। वह अपने पैरों पर एक कोने से दूसरे कोने तक तेजी से चलता-फिरता है। अब अपने पैरों की सुनो और मेरी गति की तरफ कान लगाओ।''

''ओके।'' वह लॉन्गस्ट्रीट से कहता है। फिर वह हवा में कुछ लत्तियाँ चलाता है, जिनकी आवाज लॉन्गस्ट्रीट ध्यानपूर्वक सुनता है।

इस आदेश पर लॉन्गस्ट्रीट हवा में छलाँग लगाता है और ब्रूस पर एक लत्ती फेंकता है। अपने शिष्य की प्रगति से प्रभावित ब्रूस तब उसे और एक बार लात चलाने के लिए कहता है। लॉन्गस्ट्रीट सोचने के लिए एक मिनट का समय माँगता है। ब्रूस इस माँग पर आगबबूला हो जाता है, ''अगर तुम सोचते हो, तब तुम समझ जाओगे, जो कभी तक नहीं समझे।''

''मुझसे जुड़ो। मेरी गति को सुनो। अब अपना जबड़ा जरा खोलो। बहती हवा को महसूस करो। क्या चिड़ियाँ का चहचहाना सुनते हो? अब उसे बहने दो।''

इस आदेश पर लॉन्गस्ट्रीट हवा में छलाँग लगाता है और ब्रूस पर एक लत्ती फेंकता है। अपने शिष्य की प्रगति से प्रभावित ब्रूस तब उसे और एक बार लात चलाने के लिए कहता है। लॉन्गस्ट्रीट सोचने के लिए एक मिनट का समय माँगता है। ब्रूस इस माँग पर आगबबूला हो जाता है, ''अगर तुम सोचते हो, तब तुम समझ जाओगे, जो कभी तक नहीं समझे।''

"क्यों, मैंने तो ठीक किया, नहीं किया?" लॉन्गस्ट्रीट दुविधा में पूछता है।

"तुम सोचते हो, लड़ना, लात मारना एक हथियार है? तुमको सोचे बिना एक संयोजन बनाने की जरूरत है और यदि तुम खुद को सोचने से नहीं रोक सकते तो फिर कोई बॉडीगार्ड भाड़े पर रख लो या कम आक्रामक जीवन व्यतीत करो। अंधे होकर हमला मत करो। सुनो।" ब्रूस कहना जारी रखता है, "अब तुम चिड़िया मत बन जाना। अगर तुम चिड़िया की आवाज नहीं सुन पाते हो तो तुम अपने विरोधी को भी नहीं सुन सकते।" फिर वह हलके पाँव कमरे के अंदर टहलने लगता है। वह लॉन्गस्ट्रीट से पता लगाने के लिए कहता है कि वह (यानी ब्रूस) कहाँ है? जब वह उसे खोज नहीं पाता हैं, ब्रूस उसकी ओर अपनी उँगलियों के इशारे से कहता है, "तुम्हारे विचार गलत हैं।"

"मैं लड़ना सीखने की कोशिश कर रहा हूँ, न कि सोचना।" इसके उत्तर में ब्रूस हँसता है और कहता है, "तुम्हारा मंगल हो, माइक।"
एक और दृश्य में ब्रूस लॉन्गस्ट्रीट को उँगली चुभोने जैसी क्रियाओं का प्रयोग करने के बारे में आश्वस्त करने की चेष्टा कर रहा है। वह कहता है, "क्या वह तुम्हारी आँखें बाहर निकालने में संकोच करेगा?"

"मैं लड़ना सीखने की कोशिश कर रहा हूँ, न कि सोचना।"

इसके उत्तर में ब्रूस हँसता है और कहता है, "तुम्हारा मंगल हो, माइक।"

एक और दृश्य में ब्रूस लॉन्गस्ट्रीट को उँगली चुभोने जैसी क्रियाओं का प्रयोग करने के बारे में आश्वस्त करने की चेष्टा कर रहा है। वह कहता है, "क्या वह तुम्हारी आँखें बाहर निकालने में संकोच करेगा?"

"लेकिन यह तो उसकी समस्या है।"

"कोई पक्षी, कोई बिल्ली बिना सोचे कर देगी।"

"मैं कोई पक्षी नहीं हूँ, न मैं कोई बिल्ली हूँ और मैं सोचता अवश्य हूँ।"

"तो फिर यह तुम्हारी समस्या है।" ब्रूस जवाब देता है।

सीरीज के एक बहुत ही अद्‌भुत और दार्शनिक दृश्य में ब्रूस लॉन्गास्ट्रीट को समझाने की कोशिश करता है कि किसी युद्ध के दौरान उसे अपनी बुद्धि पर बहुत अधिक भरोसा करने से बचना चाहिए। वह कहता है, "अगर तुम याद करने की कोशिश करोगे तो तुम हार जाओगे। अपने मन व बुद्धि को खाली कर दो, पानी के समान निराकार अनगढ़ बन जाओ। अब तुम पानी को किसी कप में डालो तो यह कप बन जाता है। चायदान में पानी डालो तो यह चायदान बन जाएगा। पानी बह सकता है या सरक सकता या टपक सकता है अथवा धड़ाम से गिर सकता है। पानी बनो, मेरे दोस्त!" वह आगे कहता है, "हर अन्य व्यक्ति की तरह तुम भी जीतने का तरीका जानना चाहते हो, लेकिन तुम्हें हारने का तरीका कभी मंजूर नहीं होगा। हार स्वीकार करना, मरना सीखने का मतलब है, इससे मुक्त हो जाना। इसलिए जब कल आए, तुम्हें अपने महत्त्वाकांक्षी मन को मुक्त कर देना होगा और मरने की कला सीखनी होगी।"

दर्शकों और आलोचकों दोनों ने लॉन्गास्ट्रीट को पसंद किया। लॉन्गास्ट्रीट में अपने बेहतरीन प्रदर्शन के लिए अमेरिका में मित्रों से मिल रही बधाइयों को झोली में पूरी तरह समेट पाने के पहले ही ब्रूस को हांगकांग में रेडियो चैनलों से साक्षात्कार एवं वार्त्तालाप के लिए अनुरोध भरे निमंत्रण देते हुए गोल्डन हार्वेस्ट स्टूडियोज के रेमंड चॉउ ने उसे दो फिल्मों के लिए 15,000 डॉलर का प्रस्ताव दिया, जो इतना अच्छा था कि ब्रूस ने निस्संकोच उसे स्वीकार कर लिया। अगले एक माह में उसने फिल्म के लिए शूटिंग आरंभ कर दी।

दर्शकों और आलोचकों दोनों ने लॉन्गास्ट्रीट को पसंद किया। लॉन्गास्ट्रीट में अपने बेहतरीन प्रदर्शन के लिए अमेरिका में मित्रों से मिल रही बधाइयों को झोली में पूरी तरह समेट पाने के पहले ही ब्रूस को हांगकांग में रेडियो चैनलों से साक्षात्कार एवं वार्त्तालाप के लिए अनुरोध भरे निमंत्रण देते हुए गोल्डन हार्वेस्ट स्टूडियोज के रेमंड चॉउ ने उसे दो फिल्मों के लिए 15,000 डॉलर का प्रस्ताव दिया, जो इतना अच्छा था कि ब्रूस ने निस्संकोच उसे स्वीकार कर लिया। अगले एक माह में उसने

फिल्म के लिए शूटिंग आरंभ कर दी। फिल्म के सेट बैंकॉक के एक दूरस्थ गाँव में लगाए गए। बैंकॉक में आने पर ब्रूस ने खुद को कई मुश्किलों में घिरा पाया। मौसम बहुत गरम था, डाक-सेवा नहीं थी, पानी प्रदूषित था और सबसे बड़ी बात यह कि ताजा खाना नहीं मिलता था।

फिल्म का शीर्षक 'द बिग बॉस' निश्चित किया गया था। उस फिल्म में चेंग अपनी माँ को (ब्रूस ली) किसी लड़ाई-झगड़े में न उलझने का वचन देने के बाद अपने चचेरे भाइयों (कजिन्स) के साथ एक बर्फ के कारखाने में काम करने चला जाता है। कारखाने के प्रबंधकों से मुलाकात के बाद जब उसके परिवार के सदस्य गायब होने लगते हैं तो वह अपना वचन तोड़ देता है और बिग बॉस से भिड़ जाता है। प्रतिशोध की आग में जलकर वह नशीले पदार्थों का अवैध धंधा करनेवालों के चक्रव्यूह को तोड़ डालता है। जो भी उससे भिड़ने आता है, उसे वह ढेर कर देता है। इस फिल्म का निर्देशन वू चाइ द्वारा किया जाना था, लेकिन बाद में उसका स्थान वेइ वो ने ले लिया। 'द बिग बॉस' युद्ध-कला फिल्मों और हांगकांग फिल्म उद्योग के लिए एक ताजा हवा का झोंका साबित हुई। इसकी कहानी बिल्कुल अलग थी। लड़ाई के दृश्य सुस्पष्ट एवं कड़ाकेदार थे और साउंड ट्रैक चित्ताकर्षक था। आधुनिक संदर्भ में यह एक चोट खाए हीरो की कहानी थी। वेइ लो और ब्रूस द्वारा लिखी गई कहानी बहुत मनमोहक तथा असमंजस एवं लड़ाई से भरी हुई थी। एक एक्शन फिल्म के लिए यह एक साहसी कदम था कि फिल्म के पहले भाग में नायक लगभग निष्क्रिय बना

फिल्म का शीर्षक 'द बिग बॉस' निश्चित किया गया था। उस फिल्म में चेंग अपनी माँ को (ब्रूस ली) किसी लड़ाई-झगड़े में न उलझने का वचन देने के बाद अपने चचेरे भाइयों (कजिन्स) के साथ एक बर्फ के कारखाने में काम करने चला जाता है। कारखाने के प्रबंधकों से मुलाकात के बाद जब उसके परिवार के सदस्य गायब होने लगते हैं तो वह अपना वचन तोड़ देता है और बिग बॉस से भिड़ जाता है।

रहता है, क्योंकि अपनी शपथ निभाने के लिए उसे हिंसा से दूर रहना है।

मंडारिन क्षेत्र में इस फिल्म को भारी सफलता मिली। यह फिल्म अक्तूबर 1971 में प्रदर्शित की गई थी। ब्रूस ली का नाम रातोरात घर-घर में मशहूर हो गया। इसने उसके नाम और काम को न केवल नई बुलंदी पर पहुँचा दिया, बल्कि उसकी फिल्म-निर्माण की अपनी शैली को भी प्रभावित किया तथा भविष्य में युद्ध-कला आधारित फिल्में बनाए जाने का एक नया रास्ता दिखलाया।

हालाँकि 'द बिग बॉस' फिल्म का निर्माण 1,00,000 डॉलर से भी कम बजट पर हुआ था, कुछ ही सप्ताह के अंदर इस फिल्म ने टिकट खिड़की पर 30 लाख हांगकांग डॉलर की कमाई कर ली। इस बीच लॉन्गस्ट्रीट निर्माताओं ने ब्रूस को धारावाहिक के दूसरे सीजन के लिए नया प्रस्ताव प्रस्तुत किया, जिसके अनुसार वे प्रत्येक कड़ी के लिए 1,000 डॉलर देने को तैयार थे। ब्रूस ने इस राशि को दोगुना करने के लिए कहा और निर्माताओं ने उसकी यह माँग सहर्ष स्वीकार कर ली।

मंडारिन क्षेत्र में इस फिल्म को भारी सफलता मिली। यह फिल्म अक्तूबर 1971 में प्रदर्शित की गई थी। ब्रूस ली का नाम रातोरात घर-घर में मशहूर हो गया। इसने उसके नाम और काम को न केवल नई बुलंदी पर पहुँचा दिया, बल्कि उसकी फिल्म-निर्माण की अपनी शैली को भी प्रभावित किया तथा भविष्य में युद्ध-कला आधारित फिल्में बनाए जाने का एक नया रास्ता दिखलाया।

'द बिग बॉस' सिनेमाघरों में दिखाए जाने के सिर्फ एक माह के बाद ही ब्रूस ने गोल्डन हॉर्वेस्ट कंपनी के साथ दूसरी फिल्म की शूटिंग शुरू कर दी। इस फिल्म का नाम 'द फिस्ट ऑफ फ्यूरी' रखा गया था, लेकिन अमेरिका में इसे 'द चाइनीज कनेक्शन' नाम से प्रदर्शित किया गया। चेन (जिसकी भूमिका ब्रूस निभा रहा था) लौटकर शंघाई में अपने पहलेवाले स्कूल में आता है। उसे यह जानकर अचंभा होता है कि उसके पुराने स्कूल के प्रिय शिक्षक की हत्या कर दी गई है। हुओ युआंजिया की मौत की जाँच-

पड़ताल करते समय उसे पता चलता है कि एक बैरी जापानी स्कूल मास्टर ड्रग तस्करी के सरगना के रूप में काम कर रहा है। बाद में वह पता लगा लेता है कि उसके शिक्षक को जापानी स्कूल के मास्टर के हुक्म पर जहर दिया गया था। इसके बाद वह अपने गुरु की मौत का बदला लेने के मिशन पर निकल पड़ता है। फिल्म में चेन अपने गुरु की शिक्षाओं का उपयोग करते हुए चीनी और जापानी दोनों हत्यारों से भिड़ जाता है। यह फिल्म विदेशी अत्याचारियों के विरुद्ध चीनी देशभक्ति का उत्सव था। यह फिल्म सन् 1972 में रिलीज हुई थी और इसका निर्देशन लो वेइ ने किया था। फिल्मांकन के दौरान ब्रूस और लो वेइ फिल्म के रचनात्मक विकल्पों को लेकर सेट्स पर बहुत बार लड़ पड़ते थे और ब्रूस इस बात से निराश था कि फिल्म-निर्माण प्रक्रिया में उसे न तो पूरी आजादी है और न नियंत्रण प्राप्त है। फिर भी, पिछली फिल्म की तरह 'फिस्ट ऑफ फ्यूरी' ने भी लाखों डॉलर की कमाई की और इस बार ब्रूस ने विश्व भर में बसे चीनी लोगों के दिलों में अपना घर बना लिया। उसने एक ऐसे चीनी योद्धा का किरदार बखूबी निभाया था, जो अकेला ही पूरे जापानी लड़ाकू स्कूल से लोहा लेता है और उन्हें परास्त करने में सफल होता है। एक शूरवीर के रूप में उसका अभिनय जनसामान्य के दिलों को जीत लेता है। अब वह एक राष्ट्रीय नायक था।

□

हांगकांग का बादशाह

ब्रूस अब हांगकांग में मीडिया का प्रेमपात्र बन गया था। जल्दी ही उसका नाम हांगकांग में हर दूसरी खूबसूरत अभिनेत्री के साथ जोड़ा जाने लगा। उसके दिन की शुरुआत घर के सामने जमा संवाददाताओं और प्रशंसकों को संबोधित करने के साथ होती थी। अब उसके लिए सुरक्षा कवच के बिना अपने घर के बाहर टहलना असंभव हो गया था। लो वेइ के साथ उसके झगड़े पर मीडिया की नजर गड़ी रहती थी और कई बार तो ऐसा लगता था, मानो उस झगड़े को बढ़ा-चढ़ाकर पेश किया जा रहा है।

देश में वह अब सबसे चहेता अभिनेता था। हर फिल्म निर्माता उसे अपनी फिल्म में लेने के लिए उसके घर के आगे कतार में खड़ा हो जाता था। बहुत से फिल्म निर्माता कोरे चेक लेकर आते थे और बहुत ऐसे थे, जो उसे लाभ में 80 प्रतिशत से अधिक हिस्सा देने के लिए तैयार थे। लेकिन ब्रूस को इनमें से किसी में कोई दिलचस्पी नहीं थी। रेमंड चाउ के साथ अपनी साझेदारी तोड़ने का उसका कोई इरादा नहीं था। दोनों ने मिलकर 'कॉन्कॉर्ड प्रोडक्शन' नाम से एक नया फिल्म निर्माण गृह बनाने का फैसला किया। ब्रूस को कंपनी के रचनात्मक निर्णयों का इंचार्ज बनाया गया और रेमंड चाउ को रोजमर्रा के कारोबार का जिम्मा सौंपा गया। ब्रूस फिल्म-निर्माण में शामिल सभी विभागों को अपने पूर्ण नियंत्रण में रखना चाहता था। अपनी फिल्मों की पटकथा लिखने से लेकर उनका निर्देशन करने तक का सारा काम वह खुद करना चाहता था। अपनी फिल्मों के लिए एक निश्चित रकम माँगने के

बजाय वह अब उनके लाभ में मोटे हिस्से की माँग करने लगा था।

'द वे ऑफ द ड्रैगन' उसकी अगली फिल्म होने जा रही थी। उसने इस फिल्म की स्क्रिप्ट पर काम करना शुरू कर दिया। यह फिल्म पहली बार निर्देशन की दुनिया में उसकी पहचान बनाने जा रही थी। अपनी फिल्मों के लिए भारी रकम की माँग करने और फिल्म-निर्माण पर अपना नियंत्रण रखने के उसके फैसलों के कारण कम पैसा देनेवाले और शोषण करनेवाले हांगकांग फिल्म उद्योग में खलबली मच गई। अब दूसरे कलाकारों तथा तकनीशियनों ने भी बेहतर वेतन और कार्य संबंधी बेहतर शर्तों के लिए अपनी आवाज उठाना शुरू कर दिया।

वर्ष 1970 का दशक पाश्चात्य इतिहास में अशांतिपूर्ण रहा। शीत-युद्ध संबंधी संपार्श्विक क्षति का असर मंडारिन क्षेत्र में आनेवाले देशों में पहुँच गया था और सबसे अधिक प्रभावित देश विएतनाम था। विएतनाम युद्ध के फलस्वरूप विभिन्न सामाजिक वर्गों ने अमेरिका के प्रति अत्यधिक तिरस्कार व्यक्त किया था। ब्रूस ने हर मंच पर, हर मौके पर युद्ध की भर्त्सना की।

वर्ष 1970 का दशक पाश्चात्य इतिहास में अशांतिपूर्ण रहा। शीत-युद्ध संबंधी संपार्श्विक क्षति का असर मंडारिन क्षेत्र में आनेवाले देशों में पहुँच गया था और सबसे अधिक प्रभावित देश विएतनाम था। विएतनाम युद्ध के फलस्वरूप विभिन्न सामाजिक वर्गों ने अमेरिका के प्रति अत्यधिक तिरस्कार व्यक्त किया था। ब्रूस ने हर मंच पर, हर मौके पर युद्ध की भर्त्सना की। उसने युद्ध के विरोध में लेख लिखे और टी.वी. एवं रेडियो कार्यक्रमों में भी इसका जिक्र किया। उसका उद्देश्य, जैसा कि उसने बताया, विएतनाम में हो रहे नर-संहार के विरुद्ध लोगों को उत्तेजित करना था।

उसने ऐलान कर दिया कि वह फिल्मों का निर्माण न केवल दर्शकों का मनोरंजन करने हेतु करना चाहता है, बल्कि अपनी फिल्मों के जरिए उन्हें शिक्षित भी करना चाहता है। वह चाहता था कि उसकी फिल्में दार्शनिक होने के साथ-साथ मनोरंजक भी होनी चाहिए।

'द वे ऑफ द ड्रैगन' फिल्म बनाने के दौरान मीडिया में उसके नाम के साथ 'किंग ऑफ हांगकांग' जोड़ा जाने लगा।

'द वे ऑफ द ड्रैगन' के लिए शूटिंग आरंभ करने के पहले उसे टी.वी. सीरीज 'द वारियर' के सिलसिले में वार्नर ब्रदर्स का फोन आने का इंतजार था। लेकिन जब उसका फोन नहीं आया तो उसने फिल्म की शूटिंग के साथ आगे बढ़ने का निश्चय कर लिया।

जैसा कि पिछले अध्यायों में उल्लेख किया जा चुका है, उसके शिष्यों में देश के सर्वश्रेष्ठ कराटे योद्धा जो लेविस और चक नॉरिस शामिल थे। 'वे ऑफ द ड्रैगन' फिल्म में उसने जो लेविस को एक पश्चिमी सामरिक कलाकार का किरदार निभाने के लिए कहा, जिसका वह मुकाबला करता है और अंत में उसे मार डालता है। जो लेविस ने इस प्रस्ताव को मंजूर नहीं किया, क्योंकि वह फिल्म में खुद को एक छोटे कद के चीनी से पिटता हुआ नहीं देख सकता था। उसके इनकार के बाद ब्रूस ने वही प्रस्ताव चक नॉरिस के सामने रखा, जिसने उसे बेहिचक स्वीकार कर लिया।

वर्ष 1972 के आरंभिक दिनों में ब्रूस ने फिल्म पर काम शुरू कर दिया। फिल्म-निर्माण के सभी पहलुओं को खुद जानने-समझने की दृष्टि से उसने फिल्म-निर्माण पर एक दर्जन से भी अधिक पुस्तकें खरीद लीं। वह फिल्म-निर्माण में लिप्त सभी विभागों के काम से पूरी तरह अवगत होना चाहता

वर्ष 1972 के आरंभिक दिनों में ब्रूस ने फिल्म पर काम शुरू कर दिया। फिल्म-निर्माण के सभी पहलुओं को खुद जानने-समझने की दृष्टि से उसने फिल्म-निर्माण पर एक दर्जन से भी अधिक पुस्तकें खरीद लीं। वह फिल्म-निर्माण में लिप्त सभी विभागों के काम से पूरी तरह अवगत होना चाहता था—चाहे निर्देशन हो, फिल्मांकन के लिए उचित स्थान की खोज हो, पात्रों के चयन का मामला हो, वस्त्रादि की बात हो या लड़ाई के दृश्यों का नृत्यपरक संयोजन हो, ब्रूस सभी कामों की देख-रेख स्वयं करना चाहता था और सबसे बड़ी बात यह कि नायक की भूमिका भी वह खुद निभाना चाहता था।

था—चाहे निर्देशन हो, फिल्मांकन के लिए उचित स्थान की खोज हो, पात्रों के चयन का मामला हो, वस्त्रादि की बात हो या लड़ाई के दृश्यों का नृत्यपरक संयोजन हो, ब्रूस सभी कामों की देख-रेख स्वयं करना चाहता था और सबसे बड़ी बात यह कि नायक की भूमिका भी वह खुद निभाना चाहता था। सभी विभागों के कार्य का निरीक्षण करने का बीड़ा उठाना एक अति मानवीय प्रयास था और यही कारण था कि उसका वजन तेजी से घटने लगा।

उसने पटकथा पर काम शुरू क्या किया, विचारों का आना ही बंद हो गया। कथानक पर कुछ दिनों तक सोच-विचार करने के बाद उसने अपने ही जीवन से अमेरिका में बिताए दिनों से एक वेटर के रूप में अपने अनुभव से और हांगकांग छोड़ने से जुड़ी भावनाओं से प्रेरणा प्राप्त करने का निश्चय किया।

उसने फिल्म की शूटिंग के लिए रोम को चुना। 'वे ऑफ द ड्रैगन' पहली चीनी फिल्म थी, जिसकी शूटिंग यूरोप में होने जा रही थी। फिल्म का बजट 1,30,000 डॉलर निर्धारित किया गया था। यह चीनी फिल्म इस मायने में भी पहली चीनी फिल्म थी, क्योंकि इसका फिल्मांकन किसी जापानी कैमरामैन नाशिनोतो तदाशी द्वारा किया गया था।

उसने फिल्म की शूटिंग के लिए रोम को चुना। 'वे ऑफ द ड्रैगन' पहली चीनी फिल्म थी, जिसकी शूटिंग यूरोप में होने जा रही थी। फिल्म का बजट 1,30,000 डॉलर निर्धारित किया गया था। यह चीनी फिल्म इस मायने में भी पहली चीनी फिल्म थी, क्योंकि इसका फिल्मांकन किसी जापानी कैमरामैन नाशिनोतो तदाशी द्वारा किया गया था।

एक बार शूटिंग शुरू हो जाने पर एक निर्देशक के रूप में ब्रूस की अपेक्षाएँ बहुत बढ़ गईं। कभी-कभी वह एक ही दिन में साठ से अधिक दृश्य शूट किया करता था। लेकिन उसका सबसे अधिक ध्यान चक नॉरिस के साथ उसके युद्ध पर लगा हुआ था, जो उस फिल्म का चरमोत्कर्ष दृश्य (क्लाइमेक्स सीन) होने वाला था। उसने अपनी अधिकांश ऊर्जा लड़ाई के

दृश्यों को कलात्मक बनाने में लगा दी। पटकथा का एक-चौथाई से ज्यादा हिस्सा इसमें ही खप गया। यदि कोई पदाघात या मुक्का अनमि प्रेरित होता तो उसे कई-कई बार फिर से शूट करना जरूरी हो जाता। उसका कार्य इस वजह से और भी कठिन हो गया कि अधिकतर लड़ाकुओं को ठीक-ठाक काम करने के बाद यह नहीं पता चलता था कि इसके अंत में उन्हें किस तरह की प्रतिक्रिया करनी चाहिए।

टैंग लंग/ड्रैगन (ब्रूस द्वारा अभिनीत भूमिका) एक परिवार के सदस्यों से भेंट करने जाता है, जिनका इटली में एक रेस्तराँ है। लेकिन जिस जमीन पर रेस्तराँ बना है, गुंडे उस जमीन को हथियाना चाहते हैं और रेस्तराँ मालिकों को परेशान कर रहे हैं। इस परेशानी से ड्रैगन ही उस परिवार को बचा सकता है। हालात बहुत उग्र हो जाते हैं, जब बदमाशों का गिरोह रेस्तराँ मालिकों को तंग करने के लिए और-और लोगों को भेजता रहता है। अंत में वे युद्ध-कला में बहु-प्रशिक्षित तीन लोगों के एक गुट को टैंग लंग के पीछे लगा देते हैं। ब्रूस को अपने प्रियजन की खातिर अमेरिकी कराटे महारथी कॉल्ट (चक नॉरिस) से एक रोमन रंगस्थली में टक्कर लेनी है।

फिल्म की शूटिंग के दौरान ब्रूस ने अपने ही अतीत के अनेक क्षणों को फिर से जिया और अमेरिका में आने पर हुए अपने अनुभव को भी पुनः जाग्रत् किया। अपनी पिछली फिल्मों के विपरीत 'वे ऑफ द ड्रैगन' में ब्रूस परिस्थितियों के हास्यजनक पक्ष पर भी प्रकाश डालता है। यह फिल्म अधिकतर एक हर्ष-प्रधान नाटक जैसी प्रतीत होती है। पृष्ठभूमि में हास्यप्रद ध्वनियाँ भरी हुई हैं।

फिल्म की शूटिंग के दौरान ब्रूस ने अपने ही अतीत के अनेक क्षणों को फिर से जिया और अमेरिका में आने पर हुए अपने अनुभव को भी पुनः जाग्रत् किया। अपनी पिछली फिल्मों के विपरीत 'वे ऑफ द ड्रैगन' में ब्रूस परिस्थितियों के हास्यजनक पक्ष पर भी प्रकाश डालता है। यह फिल्म अधिकतर एक हर्ष-प्रधान नाटक जैसी प्रतीत होती है। पृष्ठभूमि में हास्यप्रद ध्वनियाँ भरी हुई हैं। हालाँकि कुंग फू फिल्मों में हथियारों का प्रयोग करना

निषेध है, फिर भी ब्रूस इस फिल्म में नन्चाकू का प्रयोग करने के शानदार प्रदर्शन से दर्शकों का मन मोह लेता है और उन्हें इस हथियार का प्रयोग किया जाना बुरा नहीं लगता है।

करीब 350 वर्ष पूर्व ओकीनावा पर जापान के कब्जे के दौरान हमलावर सरदारों ने बंदूक, तलवार और भाले जैसे सामान्य हथियारों का प्रयोग न करने की ताकीद की थी। इसी कारण ओकीनावा के लोगों ने कराटे एवं कोबु-डो की ओर रुख किया, जो कराटे अस्त्र-शस्त्रों की निपुणता है, जैसे कि बो (एक लाठी), साई (एक प्रकार की तलवार, जिसकी पकड़ दोधारी होती है), कामा (एक हँसिया) और सुरुशिन (रस्सी का एक टुकड़ा), जिसके दोनों सिरों पर रक्षा के लिए भार बँधा होता है। कुछ कोबु-डो हथियार खेती के काम आनेवाले औजार थे, जिन्हें चतुर किसानों ने काम-चलाऊ और रक्षात्मक यंत्रों में बदल दिया था। उदाहरण के लिए, नन्चाकू एक विलक्षण औजार था, जिसका इस्तेमाल अनाज कूटने के लिए किया जाता था और जिसे बाद में हर रोज एक हथियार के रूप में इस्तेमाल किया जाने लगा। नन्चाकू कड़ी लकड़ी की दो छड़ियों को घोड़े की पूँछ के बालों की रस्सी से बाँधकर बनाया जाता था। आजकल छड़ियों को रस्सी या जंजीर से बाँधा जाता है। जहाँ तक इसकी बाहरी दिखावट का प्रश्न है, इसे कोई भी एक खिलौना या छड़ियों का अहानिकारक गट्ठा समझने की गलती कर सकता है। हालाँकि किसी द्वंद्व युद्ध की स्थिति में इसका प्रयोग हमला करने, हमला रोकने, तोड़-फोड़

इसी कारण ओकीनावा के लोगों ने कराटे एवं कोबु-डो की ओर रुख किया, जो कराटे अस्त्र-शस्त्रों की निपुणता है, जैसे कि बो (एक लाठी), साई (एक प्रकार की तलवार, जिसकी पकड़ दोधारी होती है), कामा (एक हँसिया) और सुरुशिन (रस्सी का एक टुकड़ा) जिसके दोनों सिरों पर रक्षा के लिए भार बँधा होता है। कुछ कोबु-डो हथियार खेती के काम आनेवाले औजार थे, जिन्हें चतुर किसानों ने काम-चलाऊ और रक्षात्मक यंत्रों में बदल दिया था।

करने और उमेठने-मरोड़ने के लिए किया जा सकता है।

नन्चाकू के अलावा फिल्म में कुछ गहरी पहुँचवाले, अर्थात् अंतर्दृष्टिपूर्ण एवं दार्शनिक संवाद हैं, जहाँ ब्रूस युद्ध-कला की बारीकियों के बारे में बताता है। ऐसे ही एक दृश्य में जब ड्रैगन के चीनी मेजबान दावा करते हैं कि कराटे कुंग फू से बेहतर है, ड्रैगन अपने जवाब में कहता है कि यह तभी तक उपयोगी है, जब तक आप अपने शरीर का इस्तेमाल हिंसा के बीच अपनी सहायता के लिए चरम सीमा तक कर रहे हों, ताकि आप अपने लक्ष्य तक पहुँच सकें।

नन्चाकू के अलावा फिल्म में कुछ गहरी पहुँचवाले, अर्थात् अंतर्दृष्टिपूर्ण एवं दार्शनिक संवाद हैं, जहाँ ब्रूस युद्ध-कला की बारीकियों के बारे में बताता है। ऐसे ही एक दृश्य में जब ड्रैगन के चीनी मेजबान दावा करते हैं कि कराटे कुंग फू से बेहतर है, ड्रैगन अपने जवाब में कहता है कि यह तभी तक उपयोगी है, जब तक आप अपने शरीर का इस्तेमाल हिंसा के बीच अपनी सहायता के लिए चरम सीमा तक कर रहे हों, ताकि आप अपने लक्ष्य तक पहुँच सकें।

फिल्म में एक अत्यंत महत्त्वपूर्ण दृश्य में ब्रूस का मुकाबला कराटे चैंपियन चक नॉरिस से होता है। यह दृश्य उस शताब्दी के सबसे भयंकर युद्ध-दृश्यों में से एक है। उस दृश्य में ब्रूस आरंभ में आक्रामक रूप से हमला करता है, जिसे रोकने और पलटकर वार करने में नॉरिस सफल रहता है। एक समय तो ऐसा प्रतीत होता है कि ब्रूस अपने विरोधी की रक्षात्मक चालों को तोड़ नहीं सकेगा। दो-चार लातों की मार, मुक्के और फिर आता है वह क्षण, जब वह अपनी लड़ाकू तकनीकों को अपने शत्रु की प्रचंड और नियंत्रक शैली के अनुरूप ढालने लगता है। लेकिन एक बार फिर एक जोरदार पद-प्रहार उसे धूल चटा देता है। तब वह खड़ा होता है और बाजी को अपने पक्ष में बदल देता है। तत्पश्चात् वह नॉरिस को जाल में फँसाता है और दो-चार दाँव-पेंच दिखाकर उसे हमला करने के लिए लुभाता है; किंतु वास्तव स्वयं में किसी हमले की शुरुआत नहीं करता है। इसके बजाय वह चकमा देता है और कतराकर निकल जाता है, छल व धोखे से कुछ वास्तविक आक्रमण और प्रत्याक्रमण करके

प्रचंड लड़ाकू से कुछ-कुछ प्रतिकारी योद्धा की भंगिमा अपनाकर दाँव-पेच के भँवर में फँसाकर और उसे पूरी तरह थकाकर मात देने में सफल होता है।

उस समय समाचार-पत्र में छपी एक रिपोर्ट के अनुसार ब्रूस ने भविष्यवाणी की थी कि यह फिल्म 50 लाख डॉलर से भी अधिक कमाई करेगी।

अब तक ली परिवार कोलून टौंग क्षेत्र में 41 कंबरलैंड रोड पर स्थित दो मंजिला एक घर में रहने लगा था। उस घर में 11 कमरे थे। वहाँ व्यायामशाला और पुस्तकालय बनाने के लिए बहुत जगह थी। उसने अपनी पुरानी पोर्श की जगह एक नई मर्सिडीज 350 एस.एल. खरीद ली।

अनेक फिल्म निर्माताओं व कंपनियों ने कुछ सस्ती लोकप्रियता बटोरने के लिए उसके नाम का गलत इस्तेमाल किया। बहुत से लोगों ने अखबारों में दावा किया कि वे लड़ाई में पहले उसे हरा चुके हैं। इसी तरह का एक दावा यिपमैन के पुत्र यिपचुन की तरफ से भी किया गया। ऐसे लेखों ने उसे बहुत हतोत्साहित किया और उसे क्रोध भी दिलाया।

अनेक फ़िल्म निर्माताओं व कंपनियों ने कुछ सस्ती लोकप्रियता बटोरने के लिए उसके नाम का गलत इस्तेमाल किया। बहुत से लोगों ने अखबारों में दावा किया कि वे लड़ाई में पहले उसे हरा चुके हैं। इसी तरह का एक दावा यिपमैन के पुत्र यिपचुन की तरफ से भी किया गया। ऐसे लेखों ने उसे बहुत हतोत्साहित किया और उसे क्रोध भी दिलाया।

रोजाना उसे किसी-न-किसी उत्सव या समारोह में आने के ढेरों निमंत्रण मिलते रहते थे; लेकिन उसने अपना समय अपनी अगली परियोजना पर व्यतीत करना बेहतर समझा। उसकी अगली परियोजना का नाम 'गेम ऑफ डेथ' रखा गया था। इस फिल्म में दुनिया के कुछ श्रेष्ठतम युद्ध कलाकारों को लिया जाना था। इस फिल्म में उसने अपने मित्रों को भी शामिल करने की योजना बनाई थी, ताकि अधिक व्यापक स्तर पर दर्शकों के सामने उन्हें अपनी प्रतिभा दिखाने का अवसर मिल सके।

उसका ऐसा ही एक दोस्त, जिसे वह अपनी फिल्म में लेना चाहता था,

प्रसिद्ध बास्केट बॉल खिलाड़ी करीम अब्दुल जब्बार था, जिसे लोग 'बिग लीड' के नाम से ज्यादा जानते थे। वह उसके श्रेष्ठ शिष्यों में से एक था। सन् 1967 में दोनों ने एक साथ संघर्ष करना शुरू किया था।

'द वे ऑफ द ड्रैगन' के लिए शूटिंग समाप्त करने के बाद ब्रूस ने जब्बार से मिलने का निश्चय किया, जो उस समय हांगकांग में था। उसने अपनी नई फिल्म की योजना उसे बताई और उससे कोई एक भूमिका स्वीकार करने के लिए कहा। जब्बार तुरंत तैयार हो गया। हालाँकि ब्रूस के हाथ में 'द गेम ऑफ डेथ' के लिए कोई स्क्रिप्ट नहीं थी, फिर भी उसने किसी तरह एक दृश्य की रूपरेखा जब्बार को समझा दी और उस दृश्य को बाद में किसी अवस्था पर फिल्म में शामिल करने का निर्णय किया।

'द वे ऑफ द ड्रैगन' के लिए शूटिंग समाप्त करने के बाद ब्रूस ने जब्बार से मिलने का निश्चय किया, जो उस समय हांगकांग में था। उसने अपनी नई फिल्म की योजना उसे बताई और उससे कोई एक भूमिका स्वीकार करने के लिए कहा। जब्बार तुरंत तैयार हो गया। हालाँकि ब्रूस के हाथ में 'द गेम ऑफ डेथ' के लिए कोई स्क्रिप्ट नहीं थी, फिर भी उसने किसी तरह एक दृश्य की रूपरेखा जब्बार को समझा दी और उस दृश्य को बाद में किसी अवस्था पर फिल्म में शामिल करने का निर्णय किया।

कुछ ही दिनों बाद जब्बार और ब्रूस ने उस दृश्य का फिल्मांकन शुरू कर दिया। उस दृश्य में ब्रूस, जिसे हर शैली की युद्ध-कला में महारत हासिल थी, जब्बार से लड़ता है, जो युद्ध-कला की किसी भी शैली में निपुण नहीं है। उस दृश्य को फिल्माने के बाद वह उस समय के सर्वश्रेष्ठ युद्ध कलाकारों की तलाश में निकल जाता है। सूची में पहला नाम डैन इनोसैंटी का था, जिसने ऐस्क्रीमा, काली और अर्निस की प्राचीन फिलीपिनो शैलियों को आत्मसात् कर लिया था। ब्रूस और इनोसैंटो कई दिनों तक फिल्म में ऐस्क्रीमा शक्ति परीक्षा के मूल सिद्धांत को हल करते हैं। फिल्म का नाम 'द टेंपल ऑफ द टाइगर' होता है।

'गेम ऑफ डेथ' के जरिए वह युद्ध-कला के विभिन्न रूपों के प्रति श्रद्धा की भर्त्सना करना चाहता है और उदाहरण के साथ समझाना चाहता है कि एक कलाकार को अपनी कला से बेहतर होना चाहिए। हाथ में कोई प्रभावी कथा-वस्तु न होने पर उसने जल्दी-जल्दी कामचलाऊ कथानक लिखकर फिल्म-निर्माण के पारंपरिक तरीकों का सहारा लिया। हालाँकि यह बात विवादों में घिरी है कि फिल्म की स्क्रिप्ट को लेकर ब्रूस के मन में वास्तव में क्या चल रहा था; लेकिन कहानी की एक मोटी-मोटी रूपरेखा इस प्रकार है—कोरियाई ठग बिली लो के भाई और बहन को उठा ले जाते हैं और उसे एक एशियाई मंदिर पर हमले में शामिल होने के लिए बाध्य करते हैं। मंदिर में भारी खजाना है, जिस पर उनकी नजर है। मंदिर की रक्षा करने की जिम्मेदारी युद्ध-कला में उच्च दक्षता प्राप्त गुरुओं ने सँभाली हुई है। लो और उसके युद्ध-कला प्रवीण कलाकार दल को कुंग फू लड़ाका कलाकारों, कराटे ब्लैक बेल्ट प्राप्त योद्धाओं, एक बद्धहस्त प्रार्थी, एक फिलीपिनो काली मास्टर (डैन इनोसैंटो द्वारा अभिनीत चरित्र) और अंतत: सात फीट लंबे एक कलूटे कुंग फू दानव (करीम अब्दुल जब्बार द्वारा अभिनीत चरित्र) की एक टोली से लोहा लेना है। उन सभी को परास्त करने के बाद बिली लो वह खजाना अपने कब्जे में कर लेता है या उस खजाने के असली मालिकों को लौटा देता है, कुछ कहा नहीं जा सकता। वह अपने परिवार का अपहरण करनेवाले अपराधी को पराजित करता है और फिर सूर्यास्त की दिशा में चल देता है।

हालाँकि यह बात विवादों में घिरी है कि फिल्म की स्क्रिप्ट को लेकर ब्रूस के मन में वास्तव में क्या चल रहा था; लेकिन कहानी की एक मोटी-मोटी रूपरेखा इस प्रकार है—कोरियाई ठग बिली लो के भाई और बहन को उठा ले जाते हैं और उसे एक एशियाई मंदिर पर हमले में शामिल होने के लिए बाध्य करते हैं।

यद्यपि ब्रूस ने स्वयं को अपनी फिल्मों में व्यस्त रखा, फिर भी उसका

नाम विवादों से कभी अलग नहीं हो पाया। बहुत बार उसने किसी-न-किसी ब्रांड को उसका नाम धोखे से प्रयोग करते पाया। अकसर यह दावा किया जाता कि फलाँ-फलाँ फिल्म में उसको हीरो लिया जा रहा है। कभी कोई व्यक्ति दावा कर बैठता कि वह उसका रिश्तेदार, दोस्त या गुरु है। एक बार ऐसा हुआ कि उसके बचपन के दोस्त यूनीकॉर्न ने अपनी फिल्म में लड़ाई के एक दृश्य की शूटिंग के बारे में ब्रूस की सलाह और मार्गदर्शन माँगा था। ब्रूस ने बड़ी उदारता से अपने दोस्त की फिल्म में लड़ाई के उस विशेष दृश्य का लेखन किया। फिल्म रिलीज होने पर ब्रूस ने फिल्म के पोस्टरों पर अपनी छवि के साथ अपना नाम छपा पाया। इन पोस्टरों के जरिए ब्रूस ली को फिल्म का नायक होने का दावा किया गया था और फिल्म में ब्रूस ली द्वारा की गई कोरियोग्राफी की फुटेज तक का इस्तेमाल किया गया। इस घटना से ब्रूस के मन को गहरी ठेस लगी और वह भविष्य में अधिक संशयशील रहने लगा।

बहुत बार उसने किसी-न-किसी ब्रांड को उसका नाम धोखे से प्रयोग करते पाया। अकसर यह दावा किया जाता कि फलाँ-फलाँ फिल्म में उसको हीरो लिया जा रहा है। कभी कोई व्यक्ति दावा कर बैठता कि वह उसका रिश्तेदार, दोस्त या गुरु है। एक बार ऐसा हुआ कि उसके बचपन के दोस्त यूनीकॉर्न ने अपनी फिल्म में लड़ाई के एक दृश्य की शूटिंग के बारे में ब्रूस की सलाह और मार्गदर्शन माँगा था।

'वे ऑफ द ड्रैगन' का प्रीमियर हांगकांग में एक सप्ताह बाद था और उसके सारे टिकटों की बिक्री खुलने के कुछ मिनट के अंदर ही हो गई। दलाल इस बात की शर्त लगा रहे थे कि यह फिल्म कितनी कमाई करेगी। इस बीच दुनिया के हर कोने से फिल्मों के प्रस्ताव ब्रूस के घर का दरवाजा खटखटाने लग गए। ब्रूस को उस समय का सबसे महँगा अभिनेता बताया जाता है। उसने कई प्रस्ताव ठुकरा दिए, जिनमें से एक प्रस्ताव हंगरी के एक फिल्म निर्माता का भी था, जो कुंग फू पर आधारित दो फिल्मों के लिए 20 लाख डॉलर देने के लिए तैयार था।

यह उस समय की बात है, जब चीन में कम्युनिस्ट पार्टी के उदय के बाद अमेरिका के राष्ट्रपति रिचर्ड निक्सन पहली बार पूरी तड़क-भड़क के साथ चीन के दौरे पर गए थे। उस दौरे ने पूर्व के पौराणिक देश के प्रति पश्चिम में पर्याप्त उत्सुकता जगाई। ऐसे उत्साह भरे माहौल के बीच फिल्म निर्माता वार्नर ब्रदर्स को एक कुंग फू फिल्म बनाने का सुनहरा अवसर दिखाई दिया। वार्नर ब्रदर्स के प्रेसीडेंट टेड एशले ने ब्रूस और रेमंड चाउ को इस संबंध में एक प्रस्ताव पर अंतिम मुहर लगाने के लिए अमेरिका बुलाया। फिल्म का नाम 'ऐंटर द ड्रैगन' निश्चित हुआ। समझौते पर हस्ताक्षर करने के बाद ब्रूस ने यह खबर सबसे पहले स्टीव मैकक्वीन को सुनाई।

जिस समय जीवन में सबकुछ एक सपने जैसा लगने लगा था, उसके मन को अनेक भयावह शंकाओं ने घेर लिया। एक दिन जब ब्रूस 'ऐंटर द ड्रैगन' के सेट पर शूटिंग में व्यस्त था, उसके पास एक फोन आया। फोन पर दूसरी तरफ जेम्स ली था। उसे फेफड़े का लाइलाज कैंसर हो गया था और उसकी जिंदगी व मौत के बीच सिर्फ कुछ महीनों का फासला रह गया था। यह खबर सुनते ही ब्रूस कुछ पल के लिए स्तब्ध रह गया। जेम्स को जवाब देने के लिए वह शक्ति जुटाने का प्रयास कर रहा था।

जिस समय जीवन में सबकुछ एक सपने जैसा लगने लगा था, उसके मन को अनेक भयावह शंकाओं ने घेर लिया। एक दिन जब ब्रूस 'ऐंटर द ड्रैगन' के सेट पर शूटिंग में व्यस्त था, उसके पास एक फोन आया। फोन पर दूसरी तरफ जेम्स ली था। उसे फेफड़े का लाइलाज कैंसर हो गया था और उसकी जिंदगी व मौत के बीच सिर्फ कुछ महीनों का फासला रह गया था।

जैसा कि पहले से ही महसूस हो चला था, ब्रूस की अगली बड़ी सफलता के जश्न में शामिल होने तक जेम्स जीवित नहीं रहा। हांगकांग में 'वे ऑफ द ड्रैगन' ने रिलीज होते ही सारे पिछले रिकॉर्ड तोड़ दिए और पहले तीन सप्ताह के अंदर उस फिल्म ने 55 लाख डॉलर बटोर लिये।

□

ऐंटर द ड्रैगन

वर्ष 2004 में निर्मित और प्रदर्शित अब तक के इतिहास में सबसे महान् कही जानेवाली सामरिक महत्त्व की फिल्म 'ऐंटर द ड्रैगन' को यूनाइटेड स्टेट्स नेशनल फिल्म रजिस्ट्री द्वारा लाइब्रेरी ऑफ कांग्रेस में सुरक्षित रखने के लिए चुनी गई युद्ध-कला पर आधारित इस फिल्म को ऐतिहासिक सांस्कृतिक और सौंदर्य की दृष्टि से महत्त्वपूर्ण माना गया था। युद्ध के उत्कृष्ट दृश्यों को जिस खूबसूरती से इस फिल्म में दिखाया गया था, इससे पहले किसी फिल्म में ऐसे दृश्य नहीं थे। इसके अलावा, फिल्म की कथा-वस्तु बस्तियाँ उखाड़ने और नई बस्तियाँ बसाने के विषयों को भी दृढ़ता से प्रस्तुत करने का दावा करती है। यह माना जाता है कि इस फिल्म ने अमेरिका और यूरोप में 'कुंग फू की सनक' पैदा कर दी।

रॉबर्ट क्लाउज, जो फिल्मों और टी.वी. कार्यक्रमों का निर्देशन करने से पहले एक स्टिल फोटोग्राफर (स्थिर छाया चित्रकार) के रूप में काम करता था, को ब्रूस ने इस फिल्म का निर्देशन करने के लिए कहा। ऐसा कहा जाता है कि ब्रूस अपनी एक फिल्म में लड़ाई के एक दृश्य से अत्यधिक प्रभावित था और शायद यही कारण था कि उसने 'ऐंटर द ड्रैगन' के निर्देशक के लिए उसने नाम की सिफारिश की। चूँकि वह पूरी तरह बहरा था, उसने कुछ सहायक निर्देशक नियुक्त कर लिये, जो यह सत्यापित कर सकें कि अभिनेताओं ने अपने संवाद सही-सही बोले हैं।

फिल्म की शूटिंग फरवरी 1973 में शुरू हुई। आहना कैपरी इस

फिल्म में मुख्य अभिनेत्री का रोल निभा रही थी। दूसरे अभिनेताओं में जिम्मी कैली और बॉब वॉल के नाम शामिल थे। पटकथा का लेखन माइकेल ऐलिन ने किया था।

ब्रूस इस फिल्म में हांगकांग में बसे एक युद्ध कलाकार की भूमिका अदा करता है। सामरिक कलाओं के बारे में उसके सैद्धांतिक दृष्टिकोण से सभी परिचित हैं और वे यह भी जानते हैं कि उसके अंदर गजब की शारीरिक क्षमता है। उसे रहस्यमय प्रकृति के एक व्यक्ति श्री हन (जिसका किरदार शीह किएन ने अदा किया) से एक युद्ध-कला स्पर्धा में शामिल होने निमंत्रण मिलता है, जिसका आयोजन उसके द्वीप में किया जा रहा है। उस मुकाबले में ब्रूस के अलावा रॉपर और विलियम्स भी हिस्सा ले रहे हैं। वे दोनों विएतनाम में फौज में थे और अच्छे दोस्त बन गए थे। प्रतिस्पर्धा में शामिल होने के बारे में उनके अपने-अपने कारण हैं। जुआबाजी के कारण कर्ज चढ़ जाने से रॉपर फिलहाल माफिया के डर से भागा हुआ है; जबकि विलियम्स इसलिए भाग रहा है, क्योंकि जातिवादी पुलिस अधिकारियों द्वारा उसे परेशान किया जा रहा था और उसे लगता है कि यह प्रतिस्पर्धा उसके लिए बच निकलने का एक उपाय हो सकता है। इस मुकाबले को बहुत ही घातक और अत्यंत प्रचंड किस्म का बताया जाता है। द्वीप में प्रवेश करने के बाद ब्रूस को पता चलता है कि प्रतिस्पर्धा का आयोजक हन मानव तस्करी और ड्रग्स का अवैध धंधा चलाता है। फिर ब्रिटिश खुफिया एजेंसी उससे संपर्क करती है और उसे एजेंसी की आड़

ब्रूस इस फिल्म में हांगकांग में बसे एक युद्ध कलाकार की भूमिका अदा करता है। सामरिक कलाओं के बारे में उसके सैद्धांतिक दृष्टिकोण से सभी परिचित हैं और वे यह भी जानते हैं कि उसके अंदर गजब की शारीरिक क्षमता है। उसे रहस्यमय प्रकृति के एक व्यक्ति श्री हन (जिसका किरदार शीह किएन ने अदा किया) से एक युद्ध-कला स्पर्धा में शामिल होने निमंत्रण मिलता है, जिसका आयोजन उसके द्वीप में किया जा रहा है।

में जाने तथा प्रतिस्पर्धा में शामिल होकर हन को रोकने के लिए कहती है। अपने मित्रों रॉपर और विलियम्स की मदद लेकर वह द्वीप पर हन के विरुद्ध सबूतों और सुरागों की तलाश करता है। इससे हन को परेशानी होना स्वाभाविक था। अंतिम लड़ाई में ब्रूस उस विद्या का प्रयोग करता है, जो उसने फिल्म में पहले सीखी थी। वह हन को मुकाबले में परास्त कर देता है और पागलपन को समाप्त करने के लिए फौज के पहुँचने तक हन का वध कर डालता है।

ब्रूस की सबसे बड़ी चिंता इसको लेकर थी कि मंडारिन क्षेत्र में इस फिल्म को पसंद किया जाएगा या नहीं। उसके लिए यह स्वीकार करना मुश्किल हो रहा था कि चीनी दर्शक उसके चरित्र को बहुत अधिक पश्चिमी रंग में रँगा हुआ नहीं समझेंगे। उसकी पिछली फिल्मों में जहाँ दर्शकों की राष्ट्रवादी भावनाओं का सुर गूँजता था, उसके विपरीत इस फिल्म का झुकाव युद्ध-कलाओं के पीछे जो सिद्धांत है, उसकी ओर अधिक था। फिल्म के दर्शकों ने उसे एक ऐसे देहाती लड़के के रूप में लिया, जो कारखाने के उत्पीड़ित मजदूरों के अधिकारों के लिए लड़ रहा था। 'ऐंटर द ड्रैगन' के साथ ब्रूस ने अपने जातीय दर्शकों की कीमत पर पश्चिमी तत्त्वों की तरफदारी करने का जोखिम उठाया।

ब्रूस की सबसे बड़ी चिंता इसको लेकर थी कि मंडारिन क्षेत्र में इस फिल्म को पसंद किया जाएगा या नहीं। उसके लिए यह स्वीकार करना मुश्किल हो रहा था कि चीनी दर्शक उसके चरित्र को बहुत अधिक पश्चिमी रंग में रँगा हुआ नहीं समझेंगे। उसकी पिछली फिल्मों में जहाँ दर्शकों की राष्ट्रवादी भावनाओं का सुर गूँजता था, उसके विपरीत इस फिल्म का झुकाव युद्ध-कलाओं के पीछे जो सिद्धांत है, उसकी ओर अधिक था।

शूटिंग के दौरान उसके सामने दूसरी सबसे बड़ी समस्या यह आई कि उसे चीन और अमेरिका के मिले-जुले अभिनेताओं को सँभालना पड़ रहा था। सेट पर अनुवादकों की कमी थी, जिसके कारण कर्मी दल में

अकसर भ्रांति पैदा हो जाती थी। बोलचाल में प्रयुक्त ठेठ चीनी शब्दों के लिए अंग्रेजी में उपयुक्त शब्द न मिलने से समस्या और भी विकट हो गई। यही समस्या तब आती थी, जब अंग्रेजी शब्दों के लिए चीनी भाषा में सटीक शब्द नहीं मिलता था। इसके अलावा, एक विकट समस्या और थी—हॉलीवुड में मशीनों के जरिए फिल्म का सेट, जहाँ कुछ ही दिनों में बनकर तैयार हो जाता था, वहीं हांगकांग में स्थिति बिल्कुल उलट थी। यहाँ मशीनों की तुलना में मजदूर तो सस्ते में मिल जाते थे, लेकिन हर काम हाथ से लिया जाता था, जिससे सेट बनाने में समय ज्यादा लगता था और समय की बरबादी होती थी। ऊपर से व्यावसायिक मतभेदों को लेकर निर्देशक और ब्रूस के बीच रोजाना बहस की खबरें जले पर नमक छिड़कने का काम कर रही थीं। ऐसी आशंकाएँ उठने लगी थीं कि परियोजना धीरे-धीरे बंद होने के कगार पर पहुँच रही है और सेट पर लंबे समय तक ब्रूस के न आने से ये आशंकाएँ और भी मजबूत होने लगीं। उसकी गैर-हाजिरी का कोई स्पष्टीकरण न दिए जाने से अखबारों और पत्रिकाओं में तरह-तरह की अफवाहों का बाजार गरम हो गया। इस बीच कलाबाजी दिखानेवालों के भिन्न-भिन्न गुटों के बीच सेट पर असली युद्ध शुरू हो गया। उनमें से बहुत से लोग कुंग फू के भिन्न संप्रदायों से थे और वे निरंतर शेष संप्रदायों पर अपने संप्रदाय की प्रधानता साबित करने के अवसरों की तलाश में रहते थे।

एक विकट समस्या और थी—हॉलीवुड में मशीनों के जरिए फिल्म का सेट, जहाँ कुछ ही दिनों में बनकर तैयार हो जाता था, वहीं हांगकांग में स्थिति बिल्कुल उलट थी। यहाँ मशीनों की तुलना में मजदूर तो सस्ते में मिल जाते थे, लेकिन हर काम हाथ से लिया जाता था, जिससे सेट बनाने में समय ज्यादा लगता था और समय की बरबादी होती थी। ऊपर से व्यावसायिक मतभेदों को लेकर निर्देशक और ब्रूस के बीच रोजाना बहस की खबरें जले पर नमक छिड़कने का काम कर रही थीं।

दो सप्ताह बीत चुके थे और ब्रूस की मौजूदगी का कोई संकेत नहीं

था। अंततः लिंडा ने आकर सफाई दी। प्रत्यक्षतः वह आत्मविश्वास की कमी से त्रस्त था। एक सप्ताह बाद लिंडा के समझाने-बुझाने और हिम्मत दिलाए जाने पर ब्रूस ने दोबारा सेट पर हाजिरी दी। फिर भी ब्रूस भीषण मानसिक दबाव के दौर से गुजर रहा था। उसमें निरुत्साह और उदासीनता झलक रही थी, पर जिंदगी ने फिर अपनी रफ्तार पकड़ ली। उसने प्रचंड युद्ध-दृश्यों को शूट करना (दृश्यों का फिल्मांकन) जारी रखा। इन दृश्यों को बार-बार कभी-कभी पंद्रह-बीस बार शूट करने का उसके शरीर व स्वास्थ्य पर बुरा असर पड़ा और उसे पीठ का दर्द सताने लगा। ऐसे दृश्यों को फिल्माते हुए उसे प्रायः चोट लग जाती थी। लेकिन उसने काम को कभी बीच में नहीं रुकने दिया। लिंडा बताती है कि शूटिंग से घर लौटने के बाद ब्रूस तुरंत जिम चला जाता था और देर रात तक कसरत करता था।

दो सप्ताह बीत चुके थे और ब्रूस की मौजूदगी का कोई संकेत नहीं था। अंततः लिंडा ने आकर सफाई दी। प्रत्यक्षतः वह आत्मविश्वास की कमी से त्रस्त था। एक सप्ताह बाद लिंडा के समझाने-बुझाने और हिम्मत दिलाए जाने पर ब्रूस ने दोबारा सेट पर हाजिरी दी। फिर भी ब्रूस भीषण मानसिक दबाव के दौर से गुजर रहा था। उसमें निरुत्साह और उदासीनता झलक रही थी, पर जिंदगी ने फिर अपनी रफ्तार पकड़ ली। उसने प्रचंड युद्ध-दृश्यों को शूट करना (दृश्यों का फिल्मांकन) जारी रखा।

क्लाउज के साथ ब्रूस की कहा-सुनी का किस्सा मीडिया में उस समय फिर उछला, जब युद्ध के दृश्यों की शूटिंग के दौरान ब्रूस ने उसे सेट पर आने से रोक दिया। अधिकांश समय उन दोनों के रिश्तों में खटास बनी रही। सेट पर और सेट के बाहर विवादों के बवंडर गहन प्रशिक्षण सत्रों और उतनी ही श्रमसाध्य शूटिंग के चलते उसके शारीरिक व मानसिक स्वास्थ्य पर गहरा असर पड़ने लगा।

ब्रूस कें स्वभाव में विघटनकारी लक्षण दिखने लगे। बहुत बार उसे अपने आप से बातें करते पाया गया। दिन-प्रतिदिन उसका स्वास्थ्य गिरने लगा, क्योंकि उसका वजन तेजी से घट रहा था। उसने मानसिक तनाव से

राहत पाने के लिए भाँग चबाना शुरू कर दिया। महीनों तक वह एक बार भी जिम नहीं गया। उसने रिश्तेदारों व दोस्तों से बात करना बंद कर दिया।

फिल्म की शूटिंग समाप्त होने के साथ ही उसने खुद को आश्वस्त किया कि यह फिल्म उसकी अब तक की सबसे बड़ी फिल्म साबित होगी और विश्व भर में सारे रिकॉर्ड तोड़ डालेगी।

□

अंतिम प्रसंग

10 मई, 1973 की सुबह ब्रूस गोल्डन हार्वेस्ट के डबिंग रूम में बैठा 'ऐंटर द ड्रैगन' के लिए संवाद रिकॉर्ड कर रहा था। रिकॉर्डिंग रूम में वह दिन भी हर दिन की तरह था। उसने फिल्म में भिन्न-भिन्न दृश्यों के लिए संवादों की डबिंग से पहले कुछ देर अभ्यास किया। स्टूडियो में कुछ समय व्यतीत करने के बाद वह अपनी कुरसी से उठा और तेजी से बाहर निकल गया। युद्धाभ्यास की चाल दिखाते हुए वह मूत्रालय तक गया। अंदर जाकर उसने अपने चेहरे पर पानी के छींटे मारे। वह ऐसा तब तक करता रहा, जब तक कि वह बेहोश होकर जमीन पर नहीं गिर पड़ा। करीब 20 मिनट बाद उसका एक सहयोगी उसे देखने वहाँ गया। उसे बड़ा आश्चर्य हुआ, जब उसने ब्रूस को फर्श पर नीचे झुके हुए देखा। पूछने पर उसने बताया कि उसके कॉण्टेक्ट लेंस फर्श पर गिर गए हैं।

स्टूडियो में लौटकर वह भारी-भारी साँस लेने लगा। उसके शरीर में सिहरन उठी और शरीर पीला पड़ गया। उसके सहयोगी उसकी पल-पल बिगड़ती हालत देखकर सहम गए। तत्काल एंबुलेंस बुलाई गई और उसे बैपटिस्ट हॉस्पिटल ले जाया गया। उसको तेज बुखार था। वह बेहोश था और किसी भी बात का जवाब नहीं दे रहा था। रेमंड चाउ और लिंडा को खबर भेज दी गई। इस बीच डॉ. डोनाल्ड की देख-रेख में तीन डॉक्टरों की एक टीम ने उसके कई टेस्ट किए। उसके मस्तिष्क में एक जगह सूजन पाई गई। डॉक्टरों को उसके पेट में कुछ मात्रा में भाँग भी मिली। आधा

घंटे के बाद उसे होश आ गया जब उससे पेट में पाई गई भाँग के बारे में पूछा गया तो उसने माना कि घंटों पहले उसने थोड़ी सी भाँग चबाई थी। डॉ. लैंगफोर्ड ने उसे भाँग खाने से बिल्कुल मना करते हुए कहा कि अगर उसने दोबारा भाँग खाई तो भाँग उसे मार डालेगी। उसके स्वास्थ्य के बारे में दूसरी राय लेने के लिए लिंडा उसे लेकर यूनिवर्सिटी ऑफ कैलिफोर्निया, लॉस ऐंजिल्स चली गई। वहाँ उसे बिल्कुल ठीक पाया गया। उसके स्वास्थ्य में कुछ भी खराबी नहीं थी, क्योंकि उसके अंदर उन्होंने कोई नशीला पदार्थ नहीं पाया। हालाँकि उसका वजन लगातार घट रहा था, इसके बावजूद यू.सी.एल.ए. ने उसे एकदम स्वस्थ घोषित कर दिया।

यह उसके जीवन का संघर्षमय दौर था। उसका वजन लगातार कम होता जा रहा था और स्थिति यहाँ तक पहुँच गई कि उसके शरीर में चरबी सिर्फ एक प्रतिशत रह गई। सन् 1972 में उसका वजन सिर्फ 146 पौंड था। जब वह सन् 1970 में हांगकांग आया, तब वह 155 पौंड वजन का था। सन् 1973 में 'एंटर द ड्रैगन' रिलीज होने के दौरान उसका वजन 135 पौंड था, जो मई में 126 पौंड रह गया—अपेक्षित वजन से बहुत कम।

यह उसके जीवन का संघर्षमय दौर था। उसका वजन लगातार कम होता जा रहा था और स्थिति यहाँ तक पहुँच गई कि उसके शरीर में चरबी सिर्फ एक प्रतिशत रह गई। सन् 1972 में उसका वजन सिर्फ 146 पौंड था। जब वह सन् 1970 में हांगकांग आया, तब वह 155 पौंड वजन का था। सन् 1973 में 'एंटर द ड्रैगन' रिलीज होने के दौरान उसका वजन 135 पौंड था, जो मई में 126 पौंड रह गया—अपेक्षित वजन से बहुत कम। रेमंड चाउ के साथ भी उसके संबंधों में कड़वाहट बढ़ चली थी। उस पर ताइवानी अभिनेत्री बेट्टी तिंग पेई के साथ रासलीला रचाने का भी आरोप था। उसका बढ़ता एकाकीपन और गिरता स्वास्थ्य एक ही संकेत दे रहे थे—फिल्म की दुनिया में बादशाहत का दबाव। वह प्रसिद्धि का शिकार हो गया था।

पहली बार जब वह धड़ाम से गिरकर बेहोश हो गया था, उसके दो माह और दस दिन के बाद 20 जुलाई, 1973 को रेमंड चाउ ने लिंडा को फोन करके जल्दी-से-जल्दी क्वीन एलिजाबेथ अस्पताल पहुँचने के लिए कहा! वह तभी समझ गई कि उसका डर सही निकला, जिसे फ्रेंच में देजा वू (Deja Vu) कहते हैं। ब्रूस सुबह यह कहकर घर से निकला था कि उसे 2 बजे रेमंड चाउ से मिलना है। उन्हें 'गेम ऑफ डेथ' फिल्म की स्क्रिप्ट पर चर्चा करनी थी। रेमंड चाउ और ब्रूस सायं 4 बजे तक काम करते रहे और फिर वे दोनों गाड़ी में बैठकर बेट्टी तिंग के फ्लैट तक गए। कुछ समय बाद चाउ एक डिनर मीटिंग में शामिल होने के लिए चला गया। शाम 7:30 पर ब्रूस ने सिरदर्द होने की शिकायत की। बेट्टी ने उसे इक्वाजेसिक (Equagesic) नाम की सिरदर्द दूर करने की एक गोली दे दी, जिसमें एस्पिरिन के साथ-साथ मांसपेशियों का तनाव कम करने की दवा भी शामिल थी। गोली लेने के बाद वह सोने चला गया। रात करीब 9 बजे रेमंड ने बेट्टी को फोन करके ब्रूस का हाल-चाल पूछा। इस पर बेट्टी ने बताया कि उसके पुकारने का ब्रूस कोई जवाब नहीं दे रहा है। उसने ब्रूस को जगाने की हर कोशिश करके देख ली, लेकिन कोई फल नहीं निकला। आधा घंटे के बाद उसके घर पहुँचकर चाउ ने एंबुलेंस बुलवाई और ब्रूस को तुरंत अस्पताल ले गए। अस्पताल में डॉक्टरों ने उसे मृत घोषित कर दिया। उसके शरीर पर कोई बाहरी चोट नहीं थी, हालाँकि डॉक्टरों ने उसके मस्तिष्क में

पहली बार जब वह धड़ाम से गिरकर बेहोश हो गया था, उसके दो माह और दस दिन के बाद 20 जुलाई, 1973 को रेमंड चाउ ने लिंडा को फोन करके जल्दी-से-जल्दी क्वीन एलिजाबेथ अस्पताल पहुँचने के लिए कहा! वह तभी समझ गई कि उसका डर सही निकला, जिसे फ्रेंच में देजा वू (Deja Vu) कहते हैं। ब्रूस सुबह यह कहकर घर से निकला था कि उसे 2 बजे रेमंड चाउ से मिलना है। उन्हें 'गेम ऑफ डेथ' फिल्म की स्क्रिप्ट पर चर्चा करनी थी।

काफी सूजन पाई। उसका मस्तिष्क सूजकर 1,400 से 1,575 ग्राम हो गया था। उसकी बाईं कनपटी पर खरोंच के निशान थे, जो शायद उस समय पड़े होंगे, जब बेट्टी ने उसे जगाने और अपने बिस्तर से हटाने के लिए झिंझोड़ा होगा।

एक घंटे बाद रेमंड चाउ और लिंडा पत्रकारों एवं ब्रूस के प्रशंसकों को ब्रूस के निधन का समाचार देने के लिए अस्पताल से बाहर आए। ब्रूस के चाहनेवालों की भारी भीड़ अस्पताल के बाहर सड़क पर जमा हो गई थी। प्रेस को दिए गए वक्तव्य में डॉक्टरों ने उसकी मृत्यु के अकस्मात् दुर्घटना से हुई मृत्यु मानने से इनकार कर दिया। शव-परीक्षा में सिर्फ दो पदार्थ पाए गए—दर्दनाशक इक्वाजेसिक और भाँग की कुछ मात्रा। रेमंड चाउ ने बाद में मीडिया को बताया कि ब्रूस की मृत्यु इक्वाजेसिक में मांसपेशियों का तनाव कम करनेवाले तत्त्व से उत्पन्न अति संवेदनशीलता के कारण हुई। समाचार माध्यम से जुड़े अनेक लोगों ने चाउ के इस स्पष्टीकरण को सही नहीं माना। बहुत से लोगों ने उसकी मृत्यु भाँग के कारण होने की शंका जताई। कुछ लोगों ने इस हद तक दावा कर डाला कि मृत कुंग फू गुरुओं की प्रेतात्माओं ने उसकी जान ले ली। कुछ ऐसे भी लोग थे, जिन्होंने भूमिगत शाओलिन साधुओं द्वारा उसे दिए गए 'श्राप' को उसकी

एक घंटे बाद रेमंड चाउ और लिंडा पत्रकारों एवं ब्रूस के प्रशंसकों को ब्रूस के निधन का समाचार देने के लिए अस्पताल से बाहर आए। ब्रूस के चाहनेवालों की भारी भीड़ अस्पताल के बाहर सड़क पर जमा हो गई थी। प्रेस को दिए गए वक्तव्य में डॉक्टरों ने उसकी मृत्यु के अकस्मात् दुर्घटना से हुई मृत्यु मानने से इनकार कर दिया। शव-परीक्षा में सिर्फ दो पदार्थ पाए गए—दर्दनाशक इक्वाजेसिक और भाँग की कुछ मात्रा। रेमंड चाउ ने बाद में मीडिया को बताया कि ब्रूस की मृत्यु इक्वाजेसिक में मांसपेशियों का तनाव कम करनेवाले तत्त्व से उत्पन्न अति संवेदनशीलता के कारण हुई।

मृत्यु का कारण बताया, क्योंकि उन साधुओं का जो चरित्र-चित्रण उसने अपनी फिल्मों में किया था, वे उससे नाराज थे।

अपने पति की मृत्यु के बारे में अखबारों में उछाले जा रहे अजीबोगरीब किस्सों का अंत करने के उद्देश्य से लिंडा ली ने पत्रकारों को संबोधित करते हुए कहा, ''हालाँकि मेरे पति की मृत्यु के कारणों की जाँच-पड़ताल अभी समाप्त नहीं हुई है, फिर भी मैं समाचार माध्यमों और हांगकांग के लोगों से निवेदन करती हूँ कि वे मेरे पति की मृत्यु के कारण को लेकर अटकलें लगाना बंद कर दें। मुझे इस बात में जरा भी संशय नहीं है कि ब्रूस की मृत्यु स्वाभाविक रूप से हुई है। उनकी मृत्यु के मामले में मैं न तो स्वयं को और न किसी दूसरे को दोष देना चाहती हूँ। हमारी मंजिल अप्रत्याशी है। यहाँ मुझे एक ही बात असंगत लगती है कि ब्रूस का देहांत हो गया है और वह अब कभी लौटकर नहीं आएगा। वह हमारी यादों में जिंदा है और उसकी फिल्में उसके जिंदा रहने का सबूत हैं। ब्रूस ने अपनी प्रतिभा, कला और जादूगरी से हमें जो कुछ भी दिया है, बस, उसे याद रखें। आप में से जो लोग उसे बेहतर जानते हैं, उनके लिए उसके शब्द और विचार हमेशा हमारे साथ रहेंगे तथा हमारे शेष जीवन को प्रभावित करते रहेंगे। मैं जानती हूँ कि हांगकांग की जनता को ब्रूस से प्यार था और उसने जो कुछ भी हासिल किया, उस पर उन्हें बहुत गर्व है। उसने विश्व भर का हांगकांग की ओर ध्यान आकृष्ट करने में कामयाबी पाई। इसी कारण मैं आप लोगों से विनती कर रही हूँ

अपने पति की मृत्यु के बारे में अखबारों में उछाले जा रहे अजीबोगरीब किस्सों का अंत करने के उद्देश्य से लिंडा ली ने पत्रकारों को संबोधित करते हुए कहा, ''हालाँकि मेरे पति की मृत्यु के कारणों की जाँच-पड़ताल अभी समाप्त नहीं हुई है, फिर भी मैं समाचार माध्यमों और हांगकांग के लोगों से निवेदन करती हूँ कि वे मेरे पति की मृत्यु के कारण को लेकर अटकलें लगाना बंद कर दें। मुझे इस बात में जरा भी संशय नहीं है कि ब्रूस की मृत्यु स्वाभाविक रूप से हुई है।

कि कृपया उसे शांति से रहने दें और उसकी आत्मा को क्षुब्ध न करें। ये मेरी व्यक्तिगत भावनाएँ व कामनाएँ हैं और मेरे घनिष्ठतम मित्रों की भी। आप मेरी बात सुनेंगे और हमारी इच्छाओं का आदर करेंगे तो मुझे अच्छा लगेगा।''

हांगकांग में एक दिन के शोक के बाद जहाँ उसके परिवार व मित्रों द्वारा ब्रूस को अंतिम श्रद्धांजलि अर्पित की गई। उसका शव दाह-संस्कार के लिए विमान से सिएटल ले जाया गया।

आज ब्रूस वहाँ शांति में सोया हुआ है—सिएटल में लेक व्यू सीमेट्री में सदाबहार झाड़ियों से ढका हुआ। सामने से लेक वाशिंगटन उसे हर समय निहारती रहती है। हर वर्ष 10,000 से अधिक लोग उसकी समाधि के दर्शन करने जाते हैं। उसकी कब्र के शिरो-प्रस्तर पर उसका एक चित्र है। चित्र के नीचे अंग्रेजी व चीनी भाषा में उसका नाम लिखा है, जन्म व मृत्यु की तारीख अंकित है और लिखा है—'जीत कुने डू का संस्थापक' (Founder Of Jeet Kune Do)। कब्र के पैरों की तरफ एक खुली काली किताब है। किताब के बाईं तरफ चीनी भाषा में यिन व येंग के प्रतीक हैं और उसके दाईं तरफ लिखा है—'आपकी प्रेरणा हमारी व्यक्तिगत स्वतंत्रता की ओर निरंतर हमारा मार्गदर्शन करती है।'

32 वर्ष की अल्पायु में ब्रूस के निधन से बहुत लोगों को गहरा सदमा लगा और बेहद दुःख हुआ। कुंग फू फिल्मों की दुनिया में उसका अग्रणी कार्य आज के दौर में बराबर गुंजायमान है। उसके निधन के बाद से फिल्म उद्योग ने हमेशा एक खालीपन महसूस किया है; क्योंकि वह एक और ऐसे ब्रूस की तलाश में है, जिसके कार्य को पश्चिम में सराहा जा सके और पूर्व में सम्मान मिल सके।

32 वर्ष की अल्पायु में ब्रूस के निधन से बहुत लोगों को गहरा सदमा लगा और बेहद दुःख हुआ। कुंग फू फिल्मों की दुनिया में उसका अग्रणी कार्य आज के दौर में बराबर गुंजायमान है। उसके निधन के बाद

से फिल्म उद्योग ने हमेशा एक खालीपन महसूस किया है; क्योंकि वह एक और ऐसे ब्रूस की तलाश में है, जिसके कार्य को पश्चिम में सराहा जा सके और पूर्व में सम्मान मिल सके। ऐसा था उसका जादू कि उसकी मृत्यु के बाद से दुनिया ने अब तक सामरिक कला पर आधारित कई फिल्में देखी हैं, जिनमें नई शैलियों और नए-नए अभिनेताओं को प्रस्तुत किया गया है, किंतु उनमें से कोई भी फिल्म वैसा विस्मय उत्पन्न नहीं कर सकी है और न वैसा सम्मान प्राप्त कर सकी है, जैसा उसकी फिल्मों को मिला था। 'अगले ब्रूस ली' के लिए दुनिया की खोज अभी जारी है।

□

उद्धरण

पियरे बर्टन शो (1971) से उद्धरण

- आजकल ऐसा नहीं होता है कि आप सड़क पर लोगों को लतियाने, घूँसा मारने निकले पड़ें; क्योंकि अगर आप ऐसा करते हैं (हाथ से बंदूक की शक्ल बनाता है), खैर इतना ही। मैं परवाह नहीं करता कि आप कितने अच्छे निशानेबाज हैं।
- आप जानते हैं, मैं अपने बारे में एक इनसान के रूप में क्या सोचना चाहता हूँ? मेरा मतलब है कि मैं वैसा नहीं बनना चाहता, जैसा कन्फ्यूशियस कहता है; लेकिन आकाश के नीचे, आसमान के तले केवल एक ही परिवार है। यह दूसरी बात है कि लोग भिन्न होते हैं।
- जब आप लड़ाई के बारे में बात कर रहे होते हैं, ऐसी लड़ाई, जिसके कोई नियम नहीं होते हैं, तब बच्चे बेहतर होगा कि तुम अपने शरीर के हर हिस्से को सिखाओ!
- हर प्रकार का ज्ञान अंततोगत्वा 'आत्म-ज्ञान' कहलाता है।

उसकी पुस्तक 'ताओ ऑफ जीत कुने डू' से उद्धरण

- मुझे इस दुनिया में आपकी अपेक्षाओं के अनुसार आचरण नहीं करना है और न आप मेरी अपेक्षानुसार आचरण करने इस दुनिया में आए हैं।

- आसान जिंदगी के लिए प्रार्थना मत करो। एक मुश्किल जिंदगी को सहने की शक्ति के लिए प्रार्थना करो।
- पानी जैसे बनो, जो दरारों से होकर अपना रास्ता बना लेता है। हठधर्मी मत बनो, बल्कि उद्‌देश्य के अनुकूल बनना सीखो और आपको उसके आसपास या उसके बीच से कोई रास्ता मिल जाएगा। अगर आपके अंदर कुछ भी अदम्य या कठोर नहीं रहता है तो बाहरी चीजें स्वयं प्रकट हो जाएँगी।
- अपना मन खाली कर दो। निराकार बनो—पानी की तरह अनगढ़, अमूर्त। अगर आप किसी प्याले में पानी डालते हैं तो वह प्याला बन जाता है। आप किसी बोतल में पानी भर दें तो वह बोतल बन जाता है। किसी चायदान में पानी डालें तो वह चायदान की शक्ल ले लेता है। अब पानी या तो बह सकता है या विध्वंस कर सकता है। पानी बनो, मेरे दोस्त!
- जो उपयोगी है, उसके अनुकूल बनो; जो बेकार है, उसे रद्‌द करो और उसे जोड़ो, अर्थात् अपनाओ, जो विशेषकर आपका अपना है।
- त्रुटियाँ हमेशा क्षम्य होती हैं, लेकिन उन्हें स्वीकार करने का साहस होना जरूरी है।
- एक बुद्धिमान व्यक्ति एक मूर्खतापूर्ण प्रश्न से अधिक सीख सकता है, जबकि एक मूर्ख व्यक्ति एक बुद्धिसम्मत प्रश्न से उतना नहीं सीख सकता।
- आप जो कुछ भी करते हैं—शारीरिक या कुछ और; अगर आप हर उस चीज को सीमा में बाँध देते हैं तो वह आपके काम से आपके जीवन में फैल जाएगी। कोई सीमाएँ नहीं हैं। अगर हैं तो केवल पठार हैं—और आपको वहीं नहीं रुकना है, आपको उनके आगे जाना होगा।
- प्रेम आग के ऊपर चल पड़ी एक दोस्ती के समान है। शुरू-शुरू में

एक लौ, बहुत सुंदर, प्राय: तप्त एवं प्रचंड, लेकिन फिर भी हलकी और चंचल। प्रेम की उम्र जैसे-जैसे आगे बढ़ती है, हमारा हृदय व मन परिपक्व होने लगता है और हमारा प्रेम कोयला जैसा बन जाता है—अंदर गहराई में जलता हुआ और जो कभी बुझता नहीं, कभी तृप्त नहीं होता।

- विफलता से क्या डरना—विफलता नहीं, बल्कि ओछा लक्ष्य अपराध है। महान् प्रयासों में विफल होना भी शान की बात होती है।
- मैं उस व्यक्ति से नहीं डरता, जिसने एक बार 10,000 पद-प्रहारों (लात चलाने) का अभ्यास किया है; बल्कि मैं उस व्यक्ति से डरता हूँ, जिसने एक पद-प्रहार का 10,000 बार अभ्यास किया था।
- यदि आप एक ही काम के बारे में सोचने में बहुत अधिक समय लगाते हैं तो आप वह काम कभी नहीं कर पाएँगे।
- लक्ष्य का अभिप्राय हमेशा उसे पाना नहीं होता है, इसका अभिप्राय अकसर यह होता है कि हमने कोई लक्ष्य रखा है।
- जानना ही काफी नहीं है। हमें उस जानकारी का प्रयोग करना चाहिए। इच्छुक होना ही काफी नहीं है, हमें निश्चित रूप से करना भी चाहिए।
- भाड़ में जाएँ हालात; मैं अवसर पैदा करता हूँ।
- यह कोई दैनिक वृद्धि नहीं है, बल्कि एक दैनिक ह्रास (घटते ज़ाना) है। अनावश्यक को काटकर निकाल दो।
- अमरता की कुंजी है ऐसा जीवन, जो याद रखने योग्य हो।
- यदि आप कल भारी भूल करना नहीं चाहते तो आज सच बोलें।
- आप जो हैं, वही बने रहें, स्वयं को अभिव्यक्त करें, स्वयं में विश्वास रखें। बाहर जाने और किसी सफल व्यक्तित्व की खोज करने तथा उसे दोहराने की आवश्यकता नहीं है।

- उसका ही प्रयोग करो, जो काम करे और उसे किसी भी जगह से प्राप्त करें, जहाँ वह मिल सकता है।
- जीत और हार की बात भूल जाएँ, अहंकार और कष्ट भुला दें। आपका विरोधी आपकी त्वचा खरोंचे तो खरोंचने दो और आप उसका मांस चीर दो। वह आपका मांस चीरने की चेष्टा करे तो आप उसकी हड्डियाँ तोड़ दो, वह आपकी हड्डियाँ तोड़ने पर उतारू हो तो आप उसकी जान ले लो। सुरक्षित निकल भागने की चिंता छोड़ दो—अपने प्राण उसके आगे रख दो।
- भिड़ंत के परिणाम के बारे में पहले से अनुमान लगाना भारी भूल है। तुम्हें यह नहीं सोचना चाहिए कि इसका अंत जीत में होगा या हार में। प्रकृति को अपना मार्ग तय करने दो और तुम्हारे हथियार सही समय पर चोट करेंगे।

फिल्मों से उद्धरण

- फट्टे पलटकर वार नहीं करते (सन् 1973 की फिल्म 'एंटर द ड्रैगन' में ब्रूस ली के शब्द)। ब्रूस ली के किरदार ने ओहारा को यह कहा, जब ओहारा ने अपने घूँसे से हवा में एक फट्टा तोड़ दिया था।
- एक अच्छा युद्ध कलाकार तनावग्रस्त नहीं होता है, बल्कि तैयार रहता है। सोच-विचार नहीं करता है, न सपने देखता है। जो कुछ भी हो, उसके लिए हमेशा तैयार। जब विरोधी फैलता है, मैं सिकुड़ जाता हूँ और जब वह सिकुड़ता है, मैं फैल जाता हूँ और जब कोई अवसर मिलता है, मैं प्रहार नहीं करता। यह अपने आप ही प्रहार करता है। ('ऐंटर द ड्रैगन' सन् 1973, मंदिर के एक वयोवृद्ध सदस्य के साथ बातचीत में)।
- सोचो मत, महसूस करो···यह चंद्रमा की ओर एक रास्ते की तरफ उँगली के इशारे जैसा है। उँगली पर ध्यान केंद्रित मत करो, अन्यथा

आप सारे स्वर्गिक आनंद, दिव्य महिमा से चूक जाएँगे ('ऐंटर द ड्रैगन' सन् 1973), मठ के छात्रों में से एक के साथ प्रशिक्षण सत्र में)।

- एक अच्छा मुकाबला एक छोटे खेल जैसा होना चाहिए; लेकिन खेल गंभीरता से खेला जाना चाहिए। एक अच्छा योद्धा तनाव में नहीं रहता है, बल्कि तैयार रहता है; सोच-विचार में नहीं पड़ता, न स्वप्नलोक में उड़ान भरता है। जो कुछ भी हो, उसके लिए तैयार रहता है। जब विरोधी चौड़ा होता है, मैं सिकुड़ जाता हूँ और जब विरोधी सिकुड़ता है, मैं चौड़ा हो जाता हूँ तथा जब अवसर मिलता है, मैं प्रहार नहीं करता। यह अपने आप ही प्रहार करता है ('ऐंटर द ड्रैगन' सन् 1973)।
- उसे पता लगने दो। अगर मैंने उसे दोबारा यहाँ देखा, वह जिंदा नहीं जाएगा ('वे ऑफ द ड्रैगन सन्' 1972)।
- मैं आपको बता रहा हूँ कि टूटी हुई लय-ताल के साथ फिर उसी नित्यचर्या को निभाना मुश्किल होता है ('गेम ऑफ डेथ' सन् 1978, लड़ाई के दौरान जब ब्रूस का पलड़ा भारी होता है)।
- पहलेवाली कुछ चालें। तुम्हें पता है, मैंने एक कसम तोड़ दी। दोबारा कभी नहीं लड़ना ('द बिग बॉस' सन् 1971)।

□□□